末代皇帝

林　京　王慶祥——著

末代皇帝
THE LAST EMPEROR

溥儀影像全析

港台增訂版

香港中和出版有限公司
www.hkopenpage.com

童年溥儀

年僅 12 歲的溥儀身著龍袍正位照

溥儀「分身」着色像（攝於養心門東側影壁前）

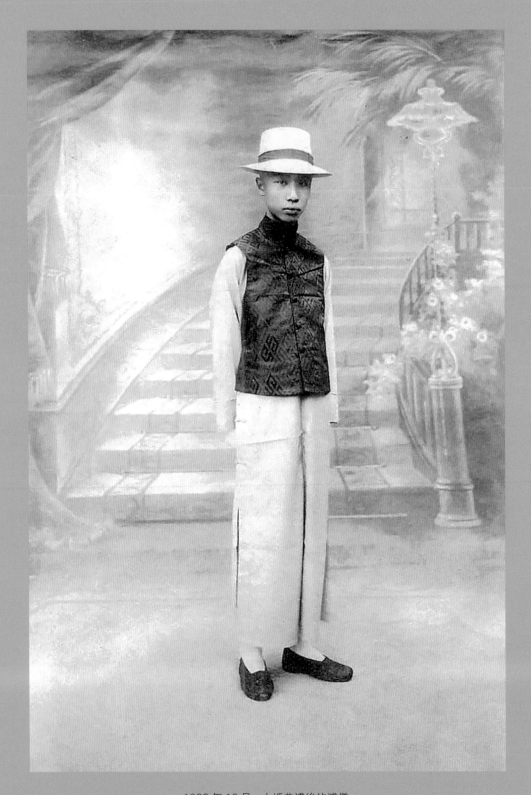

1922 年 12 月，大婚典禮後的溥儀

溥儀戎裝坐像

被逐出皇宮前的溥儀

1925 年 2 月 23 日，溥儀入住天津日租界張園

1929 年 7 月 29 日，溥儀遷居天津日租界靜園

1932 年 3 月，就任偽滿「執政」的溥儀

1934 年 3 月 1 日，「滿洲帝國康德皇帝」溥儀

身著大元帥服的「康德皇帝」溥儀

1934 年 10 月，偽滿軍在大屯阜演習的最後一
天，溥儀聽取諸兵指揮官王靜修的「御前報告」

溥儀在歡迎汪精衛的宴會上致詞

溥儀在日本東京國際軍事法庭作證

溥儀在撫順戰犯管理所溫室內澆水

溥儀在撫順戰犯管理所內撰寫文稿

溥儀在北京植物園

全國政協文史資料專員溥儀在寫作中

1967 年，身患重病的溥儀

1967年，身患重病的溥儀在生命的最後一個春
天裡，立於庭院內花朵綻放的樹下

目　錄

前　言

　　有清一代，自 1644 年順治帝福臨入關，定都北京後，中經康熙、雍正、乾隆、嘉慶、道光、咸豐、同治、光緒八朝，傳到了宣統，是第十代皇帝。

　　愛新覺羅・溥儀，滿族人，旗籍屬滿洲正黃旗。字耀之，筆名植蓮，英文名為亨利（Henry），清朝入關後的第十代君主。清光緒三十二年正月十四日（1906 年 2 月 7 日），溥儀誕生於北京醇王府，這天正是道光皇帝的忌辰。溥儀登基後，皇家為了避免因慶賀生日鳴鐘震鼓而對祖先不敬，遂將溥儀的「萬壽聖節」吉日改在舊曆正月十三。直到 1959 年溥儀被特赦成為中華人民共和國公民後，才把生日改回舊曆正月十四。

　　中國自公元前 221 年秦始皇第一個稱皇帝以降，到 1912 年宣統皇帝退位，歷經兩千一百三十二年，有三百四十九位皇帝登基。沖齡登基的溥儀不僅是清朝最後一位皇帝，也是中國歷史上最後一位皇帝。

　　三歲的溥儀於清光緒三十四年十一月初九日（1908 年 12 月 2 日）登基，於宣統三年十二月二十五日（1912 年 2 月 12 日）由隆裕太后宣讀了退位詔書，成為遜帝。1917 年 7 月 1 日，張勳率兵扶持溥儀復辟，當了十二天皇帝之後，他又以「退位詔書」回歸遜帝。1924 年 11 月 5 日，溥儀被逐出宮，流亡天津，暫居日租界，照例擺出「皇帝」之譜惶惶度日，無非一介寓公。

　　1931 年 11 月 10 日，溥儀在日本關東軍的威逼利誘下，從天津赴東北，由一心復辟清廷，逐漸轉為對日賣身投靠，先後出任偽滿洲國「執政」「康德皇

帝」，成為日本侵華的「政治道具」。他本擬勾結日本復辟清朝而陷入圈套，繼而又為了保命求生淪為漢奸。

1945 年 8 月 18 日，溥儀在吉林省通化大栗子溝第三次宣讀「退位詔書」。準備逃往日本的他，在瀋陽機場被蘇聯紅軍俘獲，囚居於赤塔和伯力。1950 年 8 月 1 日，溥儀被引渡回國，作為戰犯在中國撫順關押、改造了十年。1959 年 12 月 4 日，溥儀獲得特赦，成為新中國的公民、全國政協文史專員。1967 年 10 月 17 日，溥儀在北京逝世。他一生先後娶了五位夫人：一后一妃、兩位「貴人」和一位現代意義上的妻子。

縱觀溥儀一生，歷經磨難，生涯傳奇、命運多舛。慘淡的皇帝夢和畸形的人生，使他經歷了太多的驚心動魄、世事沉淪。從皇帝變為遜帝歷經三次復辟，又變為漢奸傀儡、戰犯囚徒，最後成為普通公民。他一生扮演了多個重要角色，這些都在他的身上奇妙地融為一體。從保存下來的歷史照片中我們可以窺見一斑。

從人到龍

溥儀是清朝登極年齡最小的皇帝。自順治、康熙以降，皇帝沖齡繼位，年齡愈來愈小，同治帝六歲，光緒帝四歲，宣統帝只有三歲。

　　光緒三十四年十月二十日（1908 年 11 月 13 日），慈禧皇太后頒發懿旨：「醇親王載灃之子溥儀，著入承大統，為嗣皇帝。」繼又懿旨：「前因穆宗毅皇帝未有儲貳，曾於同治十三年十二月初五降旨，大行皇帝生有皇子，即承祧穆宗毅皇帝為嗣。現在大行皇帝龍馭上賓，亦未有儲貳，不得已以醇親王載灃之子溥儀承繼穆宗皇帝為嗣，並兼承大行皇帝之祧。」就是說，醇親王之子溥儀入承皇位，繼承同治皇帝為嗣，兼承光緒皇帝之祧。當天傍晚，溥儀被眾人從醇親王府北府迎入宮中。

　　溥儀為甚麼能夠入承大統，要從他的家事說起。

　　溥儀的曾祖父是道光皇帝。道光皇帝第四子奕詝，即咸豐皇帝。咸豐帝只有一子載淳，是為同治帝。同治帝無子，入繼大統的是載湉，即光緒皇帝。光緒帝又無子，由溥儀入繼。溥儀的父親醇親王載灃，是醇賢親王奕譞之子。奕譞有四位福晉，生下七子四女。

　　嫡福晉葉赫那拉氏為慈禧皇太后胞妹，生四子一女：第二子載湉（光緒帝），其餘三子一女均早殤。

　　第二福晉顏札氏，為慈禧太后所賜，去世早，無子；生一女，早殤。

　　第三福晉劉佳氏，生三子一女：第五子載灃、第六子載洵、第七子載濤；一女早殤。

　　第四福晉李佳氏，無子，生一女。

　　慈禧太后懿旨：將奕譞第六子載洵過繼給瑞郡王奕誌；第七子載濤先過繼

給固山貝子奕謨，又過繼給鍾端郡王奕詥。如此，家中只剩下第五子載灃。奕譞過世時載灃八歲，因醇親王「世襲罔替」而承襲之。

醇親王載灃自十八歲在朝廷效力，任閱兵大臣。慈禧太后頒旨將其養女，即心腹權臣榮祿之女瓜爾佳氏指配給載灃為嫡福晉，以「敦兩家之睦誼」。時載灃之母劉佳氏已為載灃定親，特奏告慈禧太后。慈禧堅持指婚，劉佳氏只得忍痛將其子的訂婚福晉退掉。

載灃有兩位福晉，生四子七女。嫡福晉蘇完瓜爾佳氏，名幼蘭，光緒二十八年（1902年）完婚，生兩子三女：長子溥儀，光緒三十二年（1906年）生；次子溥傑，光緒三十三年（1907年）生；長女韞媖，宣統元年（1909年）生，十八歲病逝；次女韞龢，宣統三年（1911年）生；第三女韞穎，民國二年（1913年）生。側福晉鄧佳氏，民國二年（1913年）完婚，生有二子四女：第三子溥琪，民國四年（1915年）生，早殤；第四子溥任，民國七年（1918年）生；第四女韞嫻，民國三年（1914年）生；第五女韞馨，民國六年（1917年）生；第六女韞娛，民國八年（1919年）生；第七女韞歡，民國十年（1921年）生。

醇親王的家風醇厚，謹謹慎慎，左右逢源。不要說同慈禧與光緒，就是對帝后身邊近臣，如榮祿、翁同龢等，也都小心相處。溥傑在《回憶醇親王府的生活》中寫道：「在慈禧和光緒多年反目當中，在兩派你死我活常年明爭暗鬥的既複雜又尖銳的政局中，一面能和慈禧方的榮祿等人詩酒往還，終於成為親戚關係；一面也和光緒方的翁同龢等人以文會友地保持着相當的關係。這是我的祖父所以能夠一生榮顯未遭蹉跌的主要原因。」載灃繼承乃父奕譞的家風，小心謹慎，明哲保身。他的廳堂掛着楹聯：「有書真富貴，無事小神仙。」表明自己超然政治，讀書為樂。這既有真情的流露，也是做給別人看的。他還在團扇上寫着：「蝸牛角上爭何事，石火光中寄此身；隨富隨貧且隨喜，不開口笑是癡人。」上文的偈，好像出自布袋和尚之口，它映現了載灃與世無爭、超然物外的心態。但這對溥儀日後登極做皇帝，似乎沒有多少影響。

光緒三十四年十月二十日（1908年11月13日），即光緒帝病逝前一日，慈禧太后病篤。她在中南海儀鸞殿病榻上勉力支撐，宣軍機大臣世續、張之洞、

那桐進見，面議立儲人選。

　　光緒帝無子女，世續認為方今「內憂外患」，應立年長者，慈禧拍床大怒。重病中的她立下懿旨，立年僅三歲的載灃之子溥儀為嗣皇帝，命愛新覺羅‧載灃以攝政王監國：「現予病勢危篤，恐將不起，嗣軍國政事均由攝政王裁定。遇有重大事件，有必須請皇太后懿旨者，由攝政王隨時面請施行。」

　　大臣將此意告知光緒，光緒因溥儀是自己親侄，也表示同意，尤其對自己親弟監國，十分滿意。此時，光緒帝載湉已是生命垂危。十月二十日中午，奉慈禧皇太后懿旨：「醇親王載灃授為攝政王，其子溥儀立為大阿哥，迎入宮中教養。」載灃萬分無法，只得領旨回府，與軍機大臣、太監們一同接幼子進宮。

　　光緒三十四年十月二十一日（1908 年 11 月 14 日），光緒帝病逝。第二天，宣統帝尊慈禧為太皇太后，尊光緒之后為太后，稱兼祧母后，上徽號「隆裕皇太后」。

　　午間，太皇太后慈禧出現昏厥。她自感生命即將走到盡頭，遂傳旨：今後國事由隆裕太后和攝政王料理。未刻（下午二時），七十四歲的慈禧太后在中南海儀鸞殿撒手人寰。

　　溥儀從出生到三歲離開醇親王府，一直在庶祖母劉佳氏的撫育下。醇王府的府例，頭生孩子過滿月後離開生母歸祖母撫育，第二個孩子由母親撫育，以此類推。所以，溥儀降生滿月後就在祖母劉佳氏膝下撫育。溥儀回憶錄寫道：「祖母非常疼愛我的。聽乳母說過，祖母每夜都要起來一兩次，過來看我。她來的時候連鞋都不穿，怕木底鞋的響聲驚動了我，這樣看我長到三歲。」慈禧太后讓溥儀進宮的懿旨給劉佳氏造成難以癒合的傷痛，也改變了溥儀一生的命運。

　　溥儀在《我的前半生》中，曾這樣描述當時的情景：「光緒三十四年舊曆十月二十日的傍晚，醇王府裡發生了一場大混亂。這邊老福晉不等聽完新就位之攝政王帶回來的懿旨，先昏過去了。王府太監和婦差丫頭們灌薑汁的灌薑汁，傳大夫的傳大夫，忙成一團，那邊又傳過來孩子的哭叫和大人們哄勸聲。攝政王手忙腳亂地跑出跑進，一會兒招呼着隨他一起來的軍機大臣和內監，叫人給

孩子穿衣服，這時他忘掉了老福晉正昏迷不醒：一會兒被叫進去看老福晉，又忘掉了軍機大臣還等着送未來的皇帝進宮。這樣鬧騰好大一陣，老福晉蘇醒過來，被扶送到裡面去歇了。而未來的皇帝還在『抗旨』，連哭帶打地不讓內監過來抱他。內監苦笑着看軍機大臣怎麼吩咐，軍機大臣則束手無策地等待攝政王商量辦法。可是攝政王只會點頭，甚麼辦法也沒有……」

溥儀所說的「老福晉」就是他的祖母劉佳氏。她對於兒孫的感情非常深厚，溥儀出生後就一直在她的膝下承歡。一聽到讓溥儀進宮的消息，想到祖孫倆無異於生離死別，馬上就昏過去。此時溥儀也哭得淚流滿面，嗓音嘶啞；在一旁的乳母實在看不過去了，就把他抱過去餵奶，才止住了他的哭叫。載灃和軍機大臣當即決定，讓乳母抱着溥儀一起進宮。

一行人到了中南海，內監抱着溥儀趕赴儀鸞殿拜見慈禧太后。此時距離慈禧病逝只有三天，她那張本來就很冷酷的臉上又堆滿了病容，強烈的刺激反倒給幼小的溥儀留下了一些模糊的記憶：「我記得自己忽然處在許多陌生人中間，在我面前有個陰森森的幃帳，裡面露出一張醜得要命的瘦臉——這就是慈禧。」

溥儀被嚇得號啕大哭，渾身發抖，慈禧讓人給他拿來冰糖葫蘆，也被他一下子摔到地上，嘴裡還哭喊着「要嬤嬤，要嬤嬤」，也就是找自己的乳母。慈禧很是不快，只好無奈地說：「這孩子真彆扭，抱到哪兒玩兒去吧！」這就是溥儀見到慈禧的第一面，也是最後的一面。

三天後，慈禧太后撒手人寰。宮裡把光緒的靈柩在乾清宮安奉妥當，王公貴戚、文武官員剛與小皇帝一起行過殮奠禮，又開始在皇極殿安奉慈禧梓宮，眾人再齊集舉哀，整個紫禁城完全被哀喪的氣氛所籠罩。

光緒三十四年十一月初九日（1908年12月2日）上午十一時，清廷在太和殿舉行了新皇帝登基大典，頒詔天下，改次年為宣統元年，年號「宣統」。意在宣揚光大列祖列宗的文治武功業績，使清朝能萬世一系統治下去。但頗為滑稽的是，小皇帝溥儀仍同進宮時一樣，在哭鬧聲中度過了本該十分莊嚴的時刻。

遵照大典程序，溥儀先被抱到慶壽堂向皇太后行禮，再到中和殿接受領侍衛內大臣叩拜。然後他又被抬進太和殿，且小心翼翼被放置於高高在上的寬大

寶座上。此時正值隆冬，神聖的殿堂在幼童眼中更是十分陰森，被折騰了半天的小皇帝再也不能平靜地受人擺佈，遂大哭大鬧起來。

攝政王載灃單膝側身跪在寶座下面，雙手扶兒子，不讓他亂動，溥儀卻掙扎着哭喊：「我不挨這兒，我要回家！我不挨這兒，我要回家！」文武百官三跪九叩，沒完沒了。國喪期間，大典上的丹陛大樂又設而不作，小皇帝的哭叫聲更顯得越來越響。載灃急得不知所措，竟口不擇言地哄勸道：「別哭別哭，快完了，快完了！」

典禮結束後，文武百官議論紛紛，心情凝重，垂頭喪氣，竊竊私議：「怎麼可以說『快完了』呢？」「說『要回家』可是甚麼意思呵？」後來清帝退位，更有人附會說，事情在登極大典上就已經有了預示。因為當時宣統皇帝父子的話句句都是不祥之兆：

「我不挨這兒」——皇帝不想在太和殿，不想在皇宮，當然就是要退位。

「我要回家」——溥儀的家是醇親王府，清朝皇帝的老家則又在東北的白山黑水之間。1924 年，溥儀被驅趕出皇宮，果然回到了醇王府；1931 年他又離津出關回到東北，當上了「滿洲國」皇帝。

「快完了，快完了」——清朝很快就要結束了。正如一首民謠所説：「不用掐，不用算，宣統不過二年半。」

宣統帝在宮內宮外，共有「三父七母」。

「三位父親」：一位是生身父親醇親王載灃，一位是同治皇帝，再一位是光緒皇帝（過繼給光緒為嗣子）。

「七位母親」：第一位是生身母親瓜爾佳氏，第二位是庶母鄧佳氏，第三位是同治帝瑜妃赫舍里氏，第四位是同治帝珣妃阿魯特氏，第五位是同治帝瑨妃西林覺羅氏，第六位是光緒皇后（隆裕太后）葉赫那拉氏，第七位是光緒瑾妃他他拉氏。

溥儀進宮後，離開生母，便為隆裕皇太后撫養。宣統帝在母親眾多、又沒有母愛的環境中長大。直接照顧他生活的除太監外，就是他最尊敬和最親愛的乳母王焦氏。這位乳母王焦氏，光緒十三年（1887 年）生於直隸河間府任丘縣

農村，有父、母、兄，靠種地為生。十六歲嫁給北京一個姓王的差役，剛生一子，丈夫就病故。她上有公婆，下有幼子，生活陷入絕境。

溥儀出生後，王焦氏到醇親王府當乳母，用工錢養活公婆和兒子。不久，她的兒子也夭折了。王焦氏抱着溥儀進了皇宮。溥儀稱這位乳母為「二嬤」。她為人直樸、純真、善良、勤勞，在宮中撫育溥儀九年，一直用乳汁餵養着宣統，後被太妃趕出宮門。溥儀長大後十分眷念二嬤，派人四處尋找，找到後將其接往長春。王焦氏於民國三十五年（1946年）死去。

溥儀入繼大統當上皇帝後，遵照其曾祖父道光皇帝在二十六年（1846年）三月的諭旨：「以二名不偏諱，將來繼體承緒者，上一字仍舊，毋庸改避，亦毋庸缺筆；其下一字，應如何缺筆之處，臨時酌定。以是著為令典。」他的名字也要按成憲改動：「將御名上一字，仍舊書寫，毋庸改避；下一字，著缺寫末一筆」，就是將「儀」字諱缺末筆，以示改避之意。在此以前所刻書籍，都無需挖改避諱。

攝政王載灃於清光緒九年正月初五日（1883年2月12日）在北京太平湖醇親王府內出生。奕譞第五子，光緒帝載湉胞弟。光緒十六年（1890年）襲王爵，成為第二代醇親王。義和團運動中德國公使克林德在北京被殺，他於光緒二十七年（1901年）被委派充任頭等專使大臣赴德國道歉謝罪。光緒三十四年（1908年）任軍機大臣。同年十一月，其子溥儀入承大統，載灃任監國攝政王。次年代理陸海軍大元帥。在清朝的最後三年裡，他是中國實際的最高統治者。

載灃主政後，首先清除了當年禍害其兄光緒帝的袁世凱，命其開缺回籍養病；隨後自任海陸軍大元帥，並成立了實際上由皇族成員組成的內閣，使清朝最高統治集團陷入孤立。他性格懦弱，才疏識短，面對鼎沸的局勢，屢屢舉措失當，加速了清朝的滅亡。

慈禧太后（1835-1908）

光緒皇帝（1871–1908）

老醇親王奕譞（1840－1890）

奕譞、李鴻章（右）、善慶（左）於天津海光寺行轅

光緒十五年（1889 年），奕譞遷入什剎後海王府
新居，喜逢五十壽誕，特攝此照。持劍者為載灃，
捧書者為載洵

▲ 奕譞與愛子攝於太平湖醇王府
▼ 奕譞與第五子載灃（立者）、第六子載洵（抱坐者）

奕譞在妙高峰

▲ 老醇親王奕譞、葉赫那拉氏夫婦
▼ 載灃生母劉佳氏（右）、庶母李佳氏（左）

溥儀祖母劉佳氏

1914年，載灃（右二後立者）與家人攝於醇親王北府。右六為劉佳氏，中坐為李佳氏，左一為載洵，左二為載洵夫人，右一為載濤，左三後立者為載濤夫人，左六後立者為載灃福晉瓜爾佳氏

醇王府全家。自左至右，後排：載洵，瓜爾佳氏，載濤嫡福晉姜婉貞，載
洵嫡福晉，載濤；中排：李佳氏，載洵長子溥伉，劉佳氏，載灃；前排：
載洵次女，載濤次女、長女、次子溥佳、三子溥佺，溥儀二妹韞龢、大妹
韞媖、二弟溥傑，載洵三女、長女

載灃與家人在益壽堂戲台院內。右起：載灃（抱溥傑）、劉佳氏、李佳氏、瓜爾佳氏（抱韞媖）

▲ 1907 年前後，醇親王府的主人們。自右至左：載灃、載灃生母劉佳氏、載灃庶母李佳氏、
載灃嫡福晉瓜爾佳氏
▼ 載灃與嫡福晉、榮祿之女瓜爾佳氏‧幼蘭（1884–1921）

醇親王載灃（1883-1951）

1907 年歲末，載灃與溥儀（右立者）、溥傑（懷抱者）二子攝於醇親王府

醇親王府內的溥儀

▲ 幼年溥儀
▼ 溥儀在馬背上

溥儀生母瓜爾佳氏・幼蘭

▲ 溥儀生母瓜爾佳氏與載灃側福晉鄧佳氏（左立者）

▼ 溥儀生母瓜爾佳氏與兒子溥傑

身著盛裝的瓜爾佳氏

1908 年 12 月，溥儀以「承繼同治，兼祧光緒」的名分入宮登基，為清朝末
代宣統皇帝。圖為隆裕皇太后「垂簾聽政」，與宣統帝溥儀召見臣下的情景

大清國宣統皇帝陛下及攝政醇親王殿下御尊像

宣統帝溥儀與其父攝政王載灃

溥儀（前坐者）與隆裕太后（右四）等在建福宮庭苑

溥儀登基大典

溥儀登基大典

▲ 溥儀在前引後扈之下，乘暖轎離開乾清宮

▼ 巡警部慶祝宣統帝登基

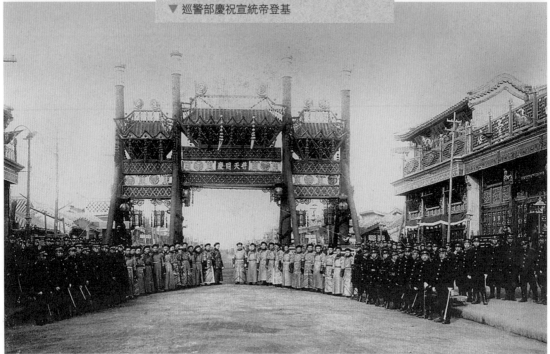

宣統元年的大清門

◀ 攝政王載灃
▶ 載灃朝服像

宣統年間，載灃、載洵、載濤兄弟三人成為當時的實際
最高統治者。中為載灃；右為載洵（1885-1949），清
末海軍大臣；左為載濤（1887-1970），清末軍咨大臣

劉佳氏（右四）與載洵（右六）、載灃嫡福晉瓜爾佳氏（右三）、載洵嫡福晉（右二）、載濤嫡福晉姜婉貞（右一）等在醇王府花園

醇王府的主人們在清末的一次「冠蓋遊園」

瓜爾佳氏（左一）與前來醇王府會親的兩位姐姐。
她們都是慈禧太后寵臣榮祿的「格格」（女兒），瓜
爾佳氏行八，乃有「八妞兒」之稱

◀ 光緒帝師翁同龢
▶ 領銜軍機大臣奕劻

清末皇族內閣成員，前排正中者為領銜軍機大臣奕劻

右起：張百熙、袁世凱、朱啟鈐

在醇王府時的溥儀乳母王焦氏（1887–1946）

◀ 在宮中的溥儀乳母王焦氏
▶ 溥儀侍母張氏

盪鞦韆的老宮女張玉春

宣統遜位

宣統三年八月十九日（1911 年 10 月 10 日），武昌起義爆發。宣統三年十月二十一日（1911 年 12 月 11 日），在辛亥革命高潮中，內閣總理大臣袁世凱施展陰謀，迫使攝政王載灃交出權柄，挾制清帝退位。清廷以宣統帝名義下罪己詔，繼由隆裕皇太后在養心殿六次召集御前會議。與會王公大臣意見不一，平時遇事無主見的隆裕太后在革命形勢逼迫下，以不願演出「同室操戈、塗炭生靈之慘劇」為辭，最終做出贊成共和、放棄兵爭的選擇。

宣統三年十二月二十五日（1912 年 2 月 12 日），隆裕以宣統帝名義在養心殿簽發了「退位詔書」，年僅六歲的皇帝溥儀退位，清王朝就此結束。

宣統帝從繼位到退位只有三年。他的年齡從三歲長到六歲，還是個幼兒。朝廷政務由攝政王載灃和隆裕太后執掌。三年裡，朝廷上下、宮廷內外，大事要事多不勝舉。其中影響宣統帝一生最重大的事件就是辛亥革命。

光緒二十年十月（1894 年 11 月）孫中山等在檀香山建立革命團體興中會。光緒二十九年（1903 年），鄒容寫成兩萬餘字的《革命軍》歌頌「民主」，要「掃除數千年種種之專制政體」，號召打倒清王朝，進行推翻清朝的輿論宣傳。同年五月（1903 年 6 月），《蘇報》案起，清廷逮捕章太炎、鄒容等，激起全國民眾對清朝更大的不滿。同年十二月三十日（1904 年 2 月 15 日），華興會在長沙成立，以黃興為會長，定於慈禧七十歲生日之時在長沙起義。光緒三十年（1904 年），光復會在上海成立，以蔡元培為會長。翌年九月九日（1905 年 10 月 7 日），興中會在廣州起義，以青天白日旗幟為革命軍旗。事敗後孫中山等逃往日本。光緒三十一年七月二十日（1905 年 8 月 20 日），興中會、華興會、光復會等在日本東京聯合組成中國同盟會，推舉孫中山先生為總理，以「驅除韃虜、恢復中

華、建立民國、平均地權」為綱領，並在各省和海外建立革命組織，後多次發動武裝起義，為辛亥革命準備了條件。光緒三十二年（1906年）七月，清廷頒詔宣佈「仿行憲政」。先是，御前會議商議立憲。諸大臣上殿面奏，請行憲政，但清廷諭旨：「大權統於朝廷」，「目前規制未備，民智未開」，待數年後再定期限。光緒三十三年（1907年）四月，同盟會組織廣東黃岡起義，攻佔黃岡後失敗。同年，同盟會在廣東惠州七女湖、安徽安慶、浙江紹興等地起義，均告失敗。宣統二年（1910年）正月，同盟會發動廣東新軍起義失敗。宣統三年（1911年）三月，同盟會在廣州舉行武裝起義，又稱「黃花崗起義」，攻總督署失敗。四月，清廷下詔廢內閣、軍機處及會議政務處，設立責任內閣，以慶親王奕劻為內閣總理大臣，其十三員大臣中，滿員九人，漢員四人，滿員中皇族佔五人，時稱其為「皇族內閣」。清廷的改革速度太慢，又太保守，激起全國民眾更大的不滿。全國民眾對專制腐敗清朝不滿的集中表現，就是辛亥年的武昌起義。

宣統三年八月十九日（1911年10月10日）晚，同盟會組織武昌新軍起義，攻打湖廣總督衙門。總督瑞澂逃走，官軍潰敗，武昌光復。起義軍成立湖北軍政府，舉黎元洪為都督，廢除宣統年號。隨之，湖南、陝西、江西、山西、雲南、貴州、江蘇、浙江、廣西、安徽、福建、廣東、四川等省紛紛響應，宣佈獨立，清政府迅速解體。九月二十五日（1911年11月15日），獨立各省都督代表會議，議決推武昌軍政府為中央軍政府，並在武漢舉行會議，頒佈《中華民國臨時政府組織大綱》，議決以南京為臨時政府所在地。隨之，各省代表到南京會議，推選孫中山為臨時大總統，議決改用公曆紀年。本年為辛亥年，史稱這年的鼎革之變為辛亥革命。

宣統三年九月二十六日（1911年11月16日），袁世凱入京，就任總理大臣職，組成內閣，是為清末第二屆內閣。宣統三年十月二十八日（1911年12月18日），南北議和代表在上海舉行會議，革命軍代表伍廷芳提出廢除清朝政府、建立共和國等條件，清廷代表唐紹儀等因該條件不為袁世凱認可而請辭。

宣統三年十一月十三日（1912年1月1日），孫中山在南京就任中華民國臨時大總統，宣告中華民國成立，改元中華民國元年。此間，袁世凱與孫中山秘

密協商，孫中山同意以「清帝退位」為條件，讓袁世凱繼任大總統。

十二月二十五日（2 月 12 日），清宣統帝下詔退位。先是，隆裕太后授袁世凱以全權，代表清廷向中華民國臨時政府提出清帝退位優待條件。南京臨時參議院召開特別會議，議決對清帝退位條件修正案。袁世凱再次提出清帝退位條件。南京臨時政府提出清帝退位條件最後修正案。

袁世凱召集內閣各部大臣及宗室王公會議，討論並通過清帝退位條件最後修正案。袁世凱向隆裕太后陳奏與南方代表伍廷芳議，贊成共和，並進皇帝優待條件八，皇族待遇條件四，滿、蒙、回、藏待遇條件七，共十九條。十二月二十五日以「宣統帝奉隆裕太后懿旨」的名義，頒佈了宣統皇帝《退位詔書》。其文曰：

> 前因民軍起事，各省響應，九夏沸騰，生靈塗炭。特命袁世凱遣員，與民軍代表討論大局。議開國會，公決政體。兩月以來，尚無確當辦法。南北暌隔，彼此相持。商輟於途，士露於野。徒以國體一日不決，故民生一日不安。今全國人民心理，多傾向共和。南中各省既倡議於前，北方諸將亦主張於後。人心所向，天命可知。予亦何忍因一姓之尊榮，拂兆民之好惡。是用外觀大勢，內審輿情，特率皇帝將統治權公諸全國，定為立憲共和國體。近慰海內厭亂望治之心，遠協古聖天下為公之義。（袁世凱前經資政院選為總理大臣，當茲新舊代謝之際，宜有南北統一之方，即由袁世凱以全權組織臨時共和政府，與民軍協商統一辦法）總期人民安堵，海宇乂安。仍合滿、漢、蒙、回、藏五族完全領土為一大中華民國。予與皇帝得以退處寬閒，優游歲月，長受國民之優禮，親見郅治之告成，豈不懿歟！

上述詔書，據記載係由張謇的幕僚楊廷棟捉刀。廷棟，字翼之，吳縣人，清末舉人，留學日本。歸國後，以其知識淵博，思維敏捷，文筆流暢，胸有城府，而為張謇器重。楊廷棟在張謇身邊，為其代筆公文、函牘。廷棟受命起草

詔文後，經張謇潤色，袁世凱審閱，隆裕太后發佈。《退位詔書》顧全到四個方面的利益：

第一、清帝的遜位，有禪讓味道，給隆裕太后與宣統皇帝留點兒面子。

第二、辛亥民軍，不貶不褒，明確宣告，共和立憲，不致引起革命志士反對。

第三、授權袁世凱主持臨時政府，及與民軍協商事宜，為袁氏後來篡權而張本，正合袁世凱之本意。

第四、優待清室條件，原為幕後秘契，經此詔書，公開肯定，清朝皇室也可接受。

最後，「予與皇帝得以退處寬閒，優游歲月，長受國民之優禮，親見郅治之告成，豈不懿歟」！一代皇朝之終結，中華兩千年帝制之總結，説得如此之輕鬆，如此之清雅，可謂大格局，亦為大手筆！有人讚賞其以「豈不懿歟」四個字結語，十分得體，極致文思。

同日，頒佈第三道詔書：《關於大清皇帝辭位之後優待條件》、《優待皇室條件》。《清宣統政紀》記載：

甲、關於大清皇帝宣佈贊成共和國體，中華民國於大清皇帝辭位之後，優待條件如左：

第一款，大清皇帝辭位之後，尊號仍存不廢，中華民國以待各外國君主之禮相待。

第二款，大清皇帝辭位之後，歲用四百萬兩，俟改鑄新幣後，改為四百萬元。此款由中華民國撥付。

第三款，大清皇帝辭位之後，暫居宮禁，日後移居頤和園。侍衛人等，照常留用。

第四款，大清皇帝辭位之後，其宗廟、陵寢，永遠奉祀，由中華民國酌設衛兵，妥慎保護。

第五款，德宗崇陵未完工程，如制妥修，其奉安典禮，仍如舊制，所

有實用經費，均由中華民國支出。

第六款，以前宮內所用各項執事人員，可照常留用，惟以後不得再招閹人。

第七款，大清皇帝辭位之後，其原有之私產，由中華民國特別保護。

第八款，原有之禁衛軍，歸中華民國陸軍部編制，額數俸餉，仍如其舊。

乙、關於清皇族待遇之條件：

一、清王公世爵，概仍其舊。

二、清皇族對於中華民國國家之公權及私權，與國民同等。

三、清皇族私產，一體保護。

四、清皇族免當兵之義務。

丙、關於滿、蒙、回、藏各族待遇之條件：

今因滿、蒙、回、藏各民族贊同共和，中華民國所以待遇者如左：

一、與漢人平等。

二、保護其原有之私產。

三、王公世爵，概仍其舊。

四、王公中有生計過艱者，設法代籌生計。

五、先籌八旗生計，於未籌定之前，八旗兵弁俸餉，仍舊放。

六、從前營業、居住等限制，一律蠲除，各州縣聽其自由籍。

七、滿、蒙、回、藏原有之宗教，聽其自由信仰。

以上諸項條件，列於正式公文，由兩方代表照會各國駐北京公使，轉達各該政府。

辛亥革命推翻了清王朝二百六十八年的封建統治，中華民國政府成立、清帝退位，從而結束了中國二千餘年的封建帝制。根據雙方簽訂的《清室優待條件》之規定，以清朝末代皇帝溥儀為首的遜清皇室，仍獲允許暫時居住在紫禁城內廷，即保和殿後乾清門廣場以北至神武門以南的地區。紫禁城保和殿以南

歸民國政府掌管並將保和殿的北門一線全部封死，使得外朝民國政府與溥儀的小內廷完全割斷聯繫。

清遜帝溥儀在皇宮內廷居住期間，不僅大清皇帝「尊號」仍存，而且繼續使用「宣統」年號，不用中華民國紀年，並享受中華民國政府對待外國君主之禮遇。這樣，在紫禁城的內廷宮殿裡仍有一些清朝遺老、舊吏向溥儀跪拜稱臣，仍有所謂內務府、宗人府等衙署為清皇室人員操辦各項事務，仍有護軍和侍衛保護小「皇帝」和皇宮的安全，仍有大批太監、宮女專供小「皇帝」及皇室人員役使。

宣統皇帝退位後，清室並不甘失敗。他們仍在尋找機會，進行復辟活動。

隆裕太后（1868-1913）

端康太妃（瑾妃）（1874—1924）

經歷過張勳復辟的溥儀身著龍袍，在御花園天一門留影

春節（正月初一）、「萬壽聖節」（正月十三），溥儀在乾清宮升座受賀

春節（正月初一）、「萬壽聖節」（正月十三），溥儀在乾清宮升座受賀

▲ 溥儀的生日被稱為「萬壽聖節」,這是當
　時的乾清宮,官員們正準備跪觀皇上
▼ 紫禁城乾清宮小朝廷會朝

宮中小太監跪送溥儀

端康（瑾妃）與族人合影

◀ 載灃便服像
▶ 袁世凱朝服像

◀ 領衔軍機大臣奕劻（1838-1917）
▶ 內務府大臣紹英（1861-1925）

張勳（1854-1923）

▲ 中華民國內閣總理段祺瑞
（1865-1936）
▼ 中華民國弼德院院長徐世昌
（1855-1939），後任總統

▲ 李鴻章之子李經邁
▼ 貝勒與大臣。居中者為
　婉容胞弟郭布羅·潤麒

▲ 溥儀六叔載濤一家合影

▼ 載濤長子溥佺結婚當天攝下的一幀王府婚禮紀念像：右立者為新郎，左立者為新娘，坐者為載濤和他的福晉，後立者為載濤的三個女兒

龍鳳呈祥

宣統三年（1911 年）七月十八日辰刻，欽天監擇定吉日良辰。從這時起，六歲的溥儀按照宮中舊制，開始了讀書生活。地點先是在南海瀛台補桐書屋，後移至紫禁城內的毓慶宮。皇帝讀書，方式如同私塾，教師被稱為「師傅」。溥儀的師傅，也是經過嚴格挑選產生的，先後有教漢文的陸潤庠、陳寶琛、徐坊、朱益藩、梁鼎芬，教滿文的伊克坦和教英文的莊士敦。他們大都是當年負有盛名的學界大師。

　　這些人中，陳寶琛與溥儀相處時間最長，對小皇帝的影響也最大。陳寶琛忠於清室，仇恨民國，認為革命、民國、共和都是一切災難的根源。他經常對溥儀談論：「民國不過幾年，早已天怒人怨。國朝二百多年深仁厚澤，人心思清，終必天與人歸。」還把一位遺老的詩念給溥儀聽：「今日看天意，明朝觀地文。兵戈猶在眼，民意不忘君。」竭力向溥儀灌輸清朝復辟思想。溥儀對他很尊重，也很信任，事無巨細，都要問一問這位「智囊」。清室對陳寶琛的待遇很是優厚，僅「養廉銀」一項，每月就有一千元。而其他師傅，如朱益藩每月八百元，莊士敦每月則六百元。此外，陳寶琛還經常被賜予古董字畫、御筆匾聯等。

　　溥儀十分貪戀玩耍，讀書很不用功，時常讓師傅無可奈何。他高興時就脫掉全部鞋襪，將襪子擲於桌上，師傅只得幫他收好，再給他穿上。一次，他見徐坊師傅的長眉毛好玩，就讓師傅過來，說他想摸摸。可就在師傅低着頭過來的時候，他卻冷不防拔下了一根。弄得老先生痛苦地搖着頭，說道：「天子拔壽眉，吾命休矣，吾命休矣。」不久，徐坊去世，傳說就是被「萬歲爺」拔了壽眉的緣故。

　　溥儀捉弄師傅的事，一時在宮中傳為趣談。後來，皇室想出一個促其學業

的辦法，讓皇弟溥傑和貝子溥倫之子毓崇伴讀漢文，載濤之子溥佳伴讀英文。伴讀者每月可領取約八十兩銀子的酬賞，並賞給「在紫禁城內騎馬」的榮譽。此舉果然奏效，往後溥儀讀書就變得規矩多了。伴讀者還有一項特殊任務——代溥儀受責。就是每當溥儀有甚麼差錯，師傅便教訓伴讀。諸如有一次，溥儀蹦蹦跳跳走進書房，陳寶琛師傅卻對坐得端端正正的毓崇說：「看你何其輕佻！」

儘管如此，溥儀的成績仍不甚理想，所學內容也沒給他帶來廣博的知識。他後來回顧這段學習生活寫道：

> 十幾歲以後，我逐漸懂得了讀書和自己的關係：怎麼做一個「好皇帝」，以及一個皇帝之所以為皇帝，都有甚麼天經地義，我有了興趣。這興趣只在「道」而不在「文」。這種「道」，大多是皇帝的權利，很少是皇帝的義務。雖然聖賢說過「民為重，社稷次之，君為輕」，「君視臣為草芥，臣視君為寇仇」之類的話，但更多的話卻是為臣工百姓說的，如所謂「君君臣臣父父子子」等。在第一本教科書《學經》裡，就規定下了「始於事親，終於事君」的道理。這些順耳的道理，開講之前，我是從師傅課外閒談裡聽到的，開講以後，也是師傅講的比書上的多。所以真正的古文倒不如師傅的古話給我的印象更深。

在溥儀讀書學習的這段日子裡，上演了一齣張勳兵變的鬧劇，宣統復辟。

溥儀退位時，張勳首先鬧事。他禁止部下官兵剪辮子，以示忠於清室，被稱為「辮帥」，其兵被稱為「辮子軍」。袁世凱死後，黎元洪為大總統，段祺瑞為國務總理。黎、段意見不合，時有衝突，時稱「府院之爭」。為此，黎元洪召集張勳率軍入京相助。民國六年（1917年）6月，張勳以調解「府院之爭」為名，帶辮子兵三千人，由徐州北上入京。6月30日夜，張勳偕劉廷琛潛入故宮，與陳寶琛等會議後，將準備復辟之事告知前清的宗室。深夜，張勳派辮子兵佔據火車站、郵電局等要地。

1917年7月1日凌晨三時，張勳身著藍紗袍、黃馬褂，頭戴紅頂花翎，在民國政府參謀總長兼陸軍總長王士珍、步兵統領江朝宗和辮子軍統領等五十餘人陪同下乘車進入紫禁城，正式擁立溥儀復辟，恢復清朝帝制。溥儀在《我的前半生》中回憶道：到養心殿，召見張勳。張勳說：「共和不合咱的國情，只有皇上復位，萬民才能得救。」溥儀說：「我年齡小，當不了如此大任。」張勳給溥儀講了康熙八歲做皇帝的故事。溥儀於是回應：「既然如此，我就勉為其難吧！」張勳退下之後，陸續有很多人進來，給溥儀請安、磕頭、祝賀、謝恩。

張勳率兵入京，溥儀第二次登極，是為宣統復辟。這一年為丁巳年，史稱「丁巳復辟」。這次復辟，是由張勳統兵進京，扶持溥儀重新恢復皇位。

溥儀將7月1日這天改為宣統九年五月十三日，連發九道「上諭」：封黎元洪為一等公；授張勳、工士珍、陳寶琛、梁敦彥、劉廷琛、袁大化、張鎮芳為內閣議政大臣；授梁敦彥為外務部尚書、王士珍為參謀部大臣、雷震春為陸軍部尚書、朱家寶為民政部尚書；授徐世昌、康有為為弼德院正副院長；授趙爾巽等為顧問大臣；授原各省督軍為總督、巡撫；授張勳兼直隸總督、北洋大臣，仍留北京，馮國璋為兩江總督、南洋大臣等。

五月十四日（7月2日）繼發「上諭」：授瞿鴻磯等為大學士，補授沈曾植為學部尚書、薩鎮冰為海軍部尚書、勞乃宣為法部尚書、李盛鐸為農工商部尚書、詹天佑為郵傳部尚書、貢桑諾爾布為理藩部尚書。

要求全國「遵用正朔，懸掛龍旗」。就是用宣統年號，掛大清國旗。當天，北京城中各家各戶被勒令懸掛龍旗，街頭身著清朝袍褂的人也多了起來，紫禁城外則由許多留着長辮子的軍人荷槍實彈地把守。

黎元洪拒不受命，避居日本公使館；同時，致電各省出師討伐，並電請馮國璋代行大總統，重新任命段祺瑞為國務總理。湖南、湖北、浙江、江西、四川等省督軍通電反對復辟。十五日（7月3日），段祺瑞組織討逆軍，自任總司令，通電全國，討伐張勳。討逆軍以曹錕為西路司令，段芝貴為東路司令，分兩路向北京進攻。十八日（7月6日），馮國璋在南京就任代理大總統，任段祺瑞為國務總理。段在天津設國務院辦公處。十九日（7月7日），南苑航空學

校派飛機向紫禁城投下三枚炸彈。太妃們有的鑽到桌子底下，有的嚇得驚叫；太監們更為驚慌；整個紫禁城裡亂作一團。同日，討逆軍敗張勳軍於廊坊。二十一日（7月9日），北京公使團照會清室，勸其解除張勳武裝。二十四日（7月12日），討逆軍進入北京，張勳部隊與之戰於城中，終因兵寡失敗。張勳逃到東交民巷荷蘭公使館內。其間，黎元洪以國家總統之尊，逃往外國使館，開了國家元首避難外國使館的先例。

7月8日，溥儀的師傅陳寶琛和生父載灃就已經看破了形勢，並替他擬好了「准予張勳辭職」的「諭旨」和《退位詔書》，這也是溥儀生平中的第二個《退位詔書》。溥儀看後放聲大哭。一場歷時十二天的復辟的鬧劇就這樣草草收場。

自張勳導演的復辟失敗以後，形勢對於清室日益不利。由此，李鴻章之子李經邁向皇叔載濤建議，讓溥儀學習英文。如果溥儀能學習英文和一些新的知識，時局一旦有變，便可以出國留學或到海外當寓公。載濤對這一建議十分重視，於是就找載灃和帝師陳寶琛、朱益藩商量，大家取得共識後，又在太妃面前費了許多唇舌，事情才定了下來。於是，載濤仍請李經邁幫忙物色英文教師，他很快就請到了莊士敦。

民國八年舊曆三月初四（1919年4月4日），溥儀在毓慶宮西間舉行了一次特殊的拜師儀式。這天，他先按皇帝接見外國人的正式禮節，坐在寶座上。洋師傅走進門來，向他深深地鞠了一躬，走到寶座前再鞠一躬。溥儀起身與之握手，洋師傅又鞠一躬，退出門外。稍後，洋師傅再次進門，溥儀向他深鞠一躬，此為拜師之禮。全部禮儀完成後，莊士敦在朱益藩師傅陪坐下，開始為溥儀講授英文。

莊士敦入宮教溥儀學習英文，是經大總統徐世昌允准，由民國政府內務部和清室內務府正式聘請。民國八年（1919年）2月22日，政府與清室都正式派出代表，與莊士敦訂立了聘請合同。

為了幫助溥儀學習英文，載濤還特意推薦了兩名伴讀，一位是溥儀的二弟溥傑，一位是他自己的兒子溥佳。若論年齡和親疏關係，這一角色當然非溥傑莫屬，可是莊士敦卻只選擇了已具備一定英文基礎的溥佳。為了照顧載灃的面

子，溥傑則被安排為漢文伴讀。

溥儀第一次看見洋人，還是自己在位的時期，那是隆裕太后對各國公使夫人的一次招待。幼時的他看見那些洋女人的奇裝異服以及五顏六色的眼睛和毛髮，覺得她們既難看又可怕。對於外國男人，他最初則是從畫報上了解的：嘴上留着八字鬍，褲褪上有條直線，手裡拿根棍子。據太監們說，洋人的鬍子很硬，上面可以掛燈籠。他們的腿很直，不能彎曲，手裡拿的棍子叫「文明棍」，是用來打人的。陳寶琛師傅曾到過南洋，給他講述了一些國外的知識後，溥儀才逐漸改變了對洋人的最初印象。不過，當聽說洋人要來給自己當師傅的時候，這個十四歲的少年心裡仍然充滿了新奇和不安。

莊士敦對溥儀的印象卻很好，他在入宮任教後不久給英國當局的一份報告中曾這樣寫道：「年輕的皇帝從未學過英文和其他歐洲語言，但是他對英文學習很熱心，思想也很活躍。他在宮中可以讀到中文報紙，並且對報上的新聞很感興趣，對國內外的政治新聞特別關心。他有着豐富的地理知識，對旅行和探險也感興趣……他看上去並不虛偽，或者對有關中國的政治地位和重要性並不言過其實。他身體強壯，發育良好。他是個聰明、活潑、富有同情心的孩子，而且具有幽默感。此外，他態度很好，毫不驕傲，雖然他身處虛偽的環境和宮廷的浮華之中，但他並無傲慢之氣，確實難得。宮裡的人尊稱他為『天子』，以至高無上的禮節對待他。他深居宮中，從未邁出紫禁城一步，除了偶爾允許他的弟弟和兩三個皇族的年輕人陪伴他一會兒以外，他沒有機會和其他孩子接觸。甚至他每天去書房念書也有着隆重的禮儀，他乘坐金頂黃轎，由一大群侍從人員衛護前往。」

莊士敦深得溥儀信任，作為回報，他被連續封賞為「毓慶宮行走」（亦稱「南書房行走」），賞坐二人肩輿、頭品頂戴，賞穿「帶貂褂」等榮譽，儼然成了「一品大員」。此外，每逢重要節日，溥儀還照例給包括莊士敦在內的師傅們賞賜一些宮中珍藏的瓷器、古籍、書畫、玉器。

1922 年 12 月 1 日，溥儀大婚。從此，他停止了毓慶宮的正規學習。其後，溥儀將御花園內的養性齋賞給莊士敦作為書房使用。這是一座兩層樓式建築，

距溥儀居住的養心殿很近，往來方便。按照溥儀的吩咐，齋內除陳設宮中傳統傢具外，還大量選用了各種西洋物品，如：洋梳化、躺椅、鐵床、洋式座鐘、電話機、洋漆桌、洋瓷蠟台、帶罩電燈泡等。這座中式殿堂的室內陳設，充滿西洋格調。白天大部分時間，莊士敦是在養性齋度過的。溥儀經常光顧這裡，或與師傅閒談，或共進午餐。皇后婉容也是養性齋的常客，每次過去，總是由她的英文女教師師盈陪同。師盈是一位美國牧師的女兒，婉容入宮前就已經開始教授她英文。

此間，莊士敦還介紹不少外國人，如英國駐華海軍艦隊總司令阿瑟·萊維森、駐香港英軍司令約翰·福勒、日本公使館參贊吉田善吾，以及許多外國駐京公使館官員等進入紫禁城，與溥儀非正式會見。會見地點大多在養性齋。每位來賓都彬彬有禮，尊稱溥儀為「皇帝陛下」。

像以往的帝王一樣，溥儀的后妃也是經過一番認真「篩選」的。他的父親載灃和兩位叔叔載洵、載濤先進行「選美」。過去的皇帝選妃，是讓一隊隊的八旗女子從皇帝面前走過，當面挑選，看中的就留下，否則就淘汰。載灃覺得把人家姑娘當作貨物似地挑來挑去有些不合適。畢竟時代不同，民國就在乾清宮前面的三大殿裡，皇上也只是一個空有其名的人物，再擺選妃之譜，顯然不合當今法度。於是，他想出一個普通老百姓的選美之法——利用 19 世紀 20 年代已傳入的攝影術，通過照片進行挑選。

溥儀挑選后、妃的消息傳出以後，京城裡的王公貴族都覺得這是不可多得的機遇，一個個趨之若鶩。載灃、載洵、載濤三家府邸，頓時門庭若市，車水馬龍。名門閨秀、千金小姐的像片，雪片般飛來，堆積如山。有人還拐彎抹角拉關係、走後門，派人登門說情，再三拜託，務必「玉成」其事。此消息從京城傳到天津、瀋陽，連徐世昌、張作霖也擠了進來，派專人提親。大總統徐世昌十分熱情地表示，願把他的女兒許配給宣統，讓今日的總統名門與全國獨一無二的帝王世家結成秦晉之好。只因溥儀遴選后妃有一個先決條件，即必須是滿蒙王公或滿蒙舊臣之女；對於漢人的女兒，不論家庭地位如何顯貴富有，一概都婉言謝絕。

載灃等三人經過一番過篩過籮的比較，把少量像片再送進宮中，供太妃們挑選。太妃之間卻又為此展開明爭暗鬥。這時，莊和太妃已經去世，榮惠太妃沒有主心骨，比較隨和。剩下的敬懿和端康兩太妃，對未來皇后人選十分重視，都想找一個與自己親近的人當皇后，這是關係到今後地位的重大問題。議婚過程中，兩位太妃都各自提出了自己喜歡的皇后候選人，互不相讓。

　　當然，溥儀已長大成人了，最終人選還須他欽定。經過幾次淘汰，只剩下四張像片送往養心殿，擺在溥儀面前。照片不可能完全真實地反映一個人的容貌，溥儀左看右看，拿起鉛筆在滿族端恭之女文繡的像片上畫了個圈。溥儀的選擇，正是敬懿太妃所中意的。可端康太妃極不滿意，認為文繡家境貧寒，長相也不太好。她看中了榮源的女兒婉容，理由是其家庭富足，長得也美麗。隆裕太后死後，四位太妃本都是溥儀的皇額娘，地位平等。但袁世凱橫插一槓，指定端康主持宮中事務，於是端康的地位就此高於其他太妃，乃敢於不顧敬懿的反對，硬叫載灃等勸溥儀重選，一定要選定她所中意的婉容。於是，溥儀又被迫改變初衷，在婉容的像片上畫了一個圈兒。

　　這麼一改變，敬懿、榮惠兩太妃很不快意。經過一番爭辯，榮惠太妃提出：「既然皇上圈過文繡，她是不能再嫁給臣民了，可以納為妃。」最後，就達成了這樣一個折中方案：婉容為皇后，納文繡為淑妃。婉容立刻成了大小報紙跟蹤描寫的對象，連篇累牘，一時間成了最時髦的新聞人物，人人皆知。

　　婉容姓郭布羅，原籍黑龍江省訥河縣莽鼐屯，屬達斡爾族。由於達斡爾是個很小的民族，人數不多，婉容及家人並不知道自己是達斡爾族人，一直自以為是蒙族人。如果當時就確知她是達斡爾族，她也就沒有了參與選后的資格，皇后必須出自純粹的滿、蒙兩族。直到 1949 年解放後，達斡爾族自治州成立，才查明婉容是達斡爾族的後代。婉容的曾祖父長順曾任清代吉林將軍，頗有權勢。到父親榮源時家境已相當富貴。榮源管理的房地產祖業，在吉林農安縣有土地三千坰，在北京還有許多房產。婉容的母親是一位皇族貝勒的格格，女兒很小時便病故了。榮源的續弦也是一位貝勒府的格格。婉容這時家住北京帽兒胡同十二號，那是幾進的大四合院。婉容中選後，榮源即被晉封為「承恩公」，

這所大四合院也由之升格為榮公府。

婉容與溥儀同年，選中為皇后正是十七芳齡，長得很漂亮，匀稱的身材，肌膚細白，如玉的瓜子臉，黑髮如雲，寬額頭，眉毛細彎彎，濃淡相宜，一雙明亮的杏眼，透露着秀氣，配合着凸鼻子，櫻桃小嘴，一切都恰到好處，如同出水芙蓉，亭亭玉立，姿色迷人。婉容不但長得玉貌花容，而且風姿綽約，氣度不凡。她舉止端莊，談吐文雅，更顯得儀態萬方。婉容還是一位才女，通曉琴棋書畫，尤迷京戲，喜歡聽梅蘭芳的唱片。她的確是一位才貌雙全的絕代佳人。

如此天姿國色的美人，中選皇后，應該說是當之無愧，她也是中國歷史上最後一位得到迎娶皇后禮遇的女性，婚禮極其隆重盛大。主要典禮程序有幾大項：先是 1922 年 10 月 21 日納彩禮，即溥儀派人把彩禮送到婉容家。彩禮十分豐富，吃的、喝的、穿的、用的，從染成紅色的大綿羊到各種奇珍異寶、大小首飾，包羅萬象，應有盡有，分裝了整整一百抬，從紫禁城抬到後門橋榮公府。

其次，是 11 月 12 日舉行的大徵禮。溥儀派正、副使到婉容家，告知成婚的日期定在 12 月 1 日。消息傳出，各方呈禮絡繹不絕，應接不暇。滿蒙王公、清代舊臣遺老，都爭先恐後進奉。令人感到驚奇的是，民國許多頭面人物，上至大總統、當朝新貴，下至各地軍閥、下野政客，也都紛紛送來厚禮致賀。至於許多豪門貴戶，富商大亨，更是攀高比闊，一擲千金。金銀財寶等珍貴禮品，琳琅滿目，堆積如山，多不勝數。

再次是 11 月 30 日舉行的冊封禮。溥儀再派正、副使到婉容家送達「寶冊」，從此，婉容便有了皇后的高貴身份。

最後一項才是 12 月 1 日的正式迎娶禮，大婚典禮至此走向高潮。清王朝雖已被推翻多年，但由於溥儀仍保持皇帝尊號，對內、對外仍沿用皇帝結婚的專門稱謂「大婚」。為了恢復王氣，振蕩聲威，婚禮不惜金錢，鋪張浪費，有意把迎親場面搞得更加排場、體面、風光，不但一切按清朝舊例來辦，而且增加了不少民國以來的新花樣。這天正午，迎親隊伍依次從東安門走出，最前是步軍統領衙門、警察廳、保安隊等馬隊。接着是五班軍樂隊。其後是全副鹵簿儀

仗，除了傘、棍、旗、牌、金瓜、鉞、斧、節、扇比以前更多外，還特意增添了牛角和大鼓各百餘對。儀仗隊吹吹打打，五顏六色，沸沸揚揚，就有一里多長。末尾是三十二人抬的巨型鳳輿。轎車是光緒大婚時在杭州所定，這次又對其重新進行了加工油飾——轎頂塗金，正中有一隻展翅飛翔的金鳳凰，鳳背上有一個小金頂，周圍有九隻小金鶯，嘴裡都啣着長長的黃絲穗子。轎圍是鵝黃色緞子作底，上面繡着藍色鳳凰，抱着紅色的雙喜字，繡工極為精緻。鳳輿的左右前後，除清室官員隨行外，還派來了大批民國軍警護衛。

迎親隊伍浩浩蕩蕩，旌旗招展，鼓樂喧天。經北池子，往西北進入三座門，通過景山東街，出地安門大街，轉入帽兒胡同，所到之處佈滿軍警。京城市民們都奔走相告：「快走，瞧小皇上娶娘娘去！」馬路兩旁人山人海，萬頭攢動，都要目睹這迎親的盛況。一些北京政府要員和外國男女也乘汽車、馬車趕來湊熱鬧。

迎親隊伍抵達紮着彩場的榮公府，婉容的父親、哥哥、弟弟都在門外跪接聖旨、聖節。然後，隨正、副使，鳳輿一同進入邸內。不一會兒，皇后婉容梳着高高的雙髻，戴上雙喜如意，穿上龍鳳同和袍，頭蓋繡有龍鳳的蓋頭，手裡拿着一隻蘋果，被扶入鳳輿。

返程時，迎親隊伍不走去時路線，而經寬街、大佛寺、東華門，先把皇后接到坤寧宮。穿着龍袍珠冠的溥儀早已在此等候。皇后步下鳳輿，溥儀這才揭下她的蓋頭，兩人一同坐上龍鳳喜床，吃「子孫餑餑」「長壽麵」，行合巹宴，飲交杯酒，行坐帳禮……經過這一連串的繁文縟節，婚禮第一天的儀禮才算結束。

溥儀在自傳《我的前半生》中寫道：「按着傳統，皇帝和皇后新婚第一夜，要在坤寧宮裡一間不過十米見方的喜房裡度過。這間房子的特色是，沒有甚麼陳設，炕佔去了四分之一，除了地皮，全塗上了紅色。行過『合巹禮』，吃過了『子孫餑餑』，進入這間一片暗紅色的屋子裡，我覺得很憋氣。新娘子坐在炕上，低着頭，我在旁邊看了一會，只覺得眼前一片紅：紅帳子、紅褥子、紅衣、紅裙、紅花朵、紅臉蛋……好像一攤溶化了的紅蠟燭。我感到很不自在，坐也不是，站也不是。我覺得養心殿好，便開開門，回來了。」這位已經退位的皇帝，

心境不佳，熱烈的婚禮反更使他煩躁不安。新婚之夜，他撇下漂亮的新娘子婉容，獨自跑回養心殿躲清靜去了。

次日，溥儀、婉容「帝后」以大婚禮成，一起到景山壽皇殿行禮，告慰列祖列宗。從這天上午開始，漱芳齋連續演戲三天，京劇名角聚集一堂。

大婚典禮的第三天，即 12 月 3 日，為溥儀、婉容夫婦的受賀之期。這天，神武門外停滿了汽車、馬車、騾車等交通工具，神武門上紮起彩棚。前來祝賀的人絡繹不絕。其中有民國大總統徐世昌派來的慶賀專使、宗室親貴、遺老闊少和各國駐京公使，多達上千人。

按照原定計劃，本來並沒有邀請外國人進宮參加婚禮的安排。但東交民巷各國使節，通過北洋政府外交部，再三要求進宮祝賀，於是清室也就應允了下來，並且成立了招待處，由莊士敦、梁敦彥（丁巳復辟時的外務大臣）任總招待。為了接待這些外國客人，在景運門外臨時搭建了兩座大蓆棚，從北京飯店定購了豐盛的冷食、糕點和法國香檳酒，還準備了百餘抬二人肩輿，供他們來往乘坐。

上午十時，各國駐華使節攜家眷等共一百四十九人，來到乾清宮東暖閣，向身穿龍袍、頭戴珠冠的溥儀和穿旗袍、梳着兩把頭的婉容行鞠躬禮。溥儀與之一一握手，婉容也微微點頭，以示答禮。莊士敦和皇叔載濤等事先商定，溥儀雖然保持皇帝尊號，但畢竟已經退位，不宜再像過去那樣高坐在寶座上接受朝賀，遂把接見地點改在了東暖閣。

按照莊士敦的安排，溥儀繼而在乾清宮舉行招待酒會。其間由葡萄牙公使代表全體外賓致祝詞，溥儀則將梁敦彥為其寫好的英文謝詞念了一遍：「今天在這裡，見到來自世界各地的高貴客人，朕感到不勝榮幸。謝謝諸位光臨，並祝諸位身體健康，萬事如意。」隨後，他從梁敦彥手中接過香檳酒，向左右來賓各鞠一躬，舉杯而飲。

參加祝賀的外賓幾乎全部是外交官。因為他們是各國派駐中華民國的使節，而非原來的駐清使節；所以，參加這次活動均以個人身份進宮，並不代表各自的政府。儘管如此，他們也是民國以來首次出現於紫禁城的外國官方人士。

招待外賓完畢，溥儀登上寶座接見黎元洪總統的致賀專使黃開文、北洋政府的其他文武大員和各省軍閥的代表，並請他們入宴、看戲。接着，鳴鞭、奏樂，滿蒙王公、舊臣遺老等進殿，向溥儀行三跪九叩大禮。值得一提的是，民國總統府侍從武官長蔭昌先以對待外國君主之禮正式祝賀，向溥儀鞠躬；然後又忽然說道：「剛才那是代表民國的，現在奴才自己給皇上行禮。」隨即跪在地上磕起頭來。

　　向溥儀贈送婚禮者不僅有滿蒙王公、遺老舊臣，而且包括民國要員、軍閥政客，以及外國人士。

　　婚禮結束後，溥儀又對參與操辦者加以犒賞。如載洵、載濤賞穿親王補服，溥傑、溥佳、毓崇賞穿輔國公補服；陳寶琛加太師銜、朱益藩加太傅銜、莊上敦賞穿帶貂褂……

　　溥儀大婚時虛齡十七歲。雖然婚禮辦得隆重、豪華，轟動了整個京城，但作為當事者，溥儀、婉容和文繡，似乎並沒有年輕人完成終身大事的喜悅。相反，從結婚第一天起，他們都陷入了無盡的困惑。溥儀在心中一遍遍地自問：「我有一后一妃，成了家了，這和以前的區別何在呢？」然後又一遍遍地自答：「我成年了。如果不是鬧革命，是我親政的時候開始了！」可是對於婚姻生活，他卻從來也沒有去想過，更談不上如何處理一后一妃的關係。

　　大婚第一天，皇后婉容就對溥儀有些不滿。因為按照慣例，提前一天入宮的淑妃，本應在皇后降鳳輿之時，親率女官等在坤寧宮外行跪迎之禮。溥儀對這種舊禮頗不以為然，認為后與妃只有稱謂之別，無須尊此卑彼，所以臨時免去了跪迎的虛禮。對此皇后不快，認為皇帝有意袒護淑妃。不過，婉容所在意的不僅僅是禮節本身，更重要的還是對溥儀納妃難以接受。當晚，三人各自獨眠。

　　婉容這位大家閨秀，不僅相貌姣好，儀態不凡，而且還受過學堂教育。她在婚前有機會接觸社會上各種新事物，了解很多宮內享受不到的「洋」玩意兒。愛看外國電影，喜歡吃西餐，會騎自行車，還略通英語。從這個意義上講，有了婉容，溥儀的生活的確為之一新。

溥儀把婉容引為知己，依從她的習慣和愛好，而且特意為她聘請了英文教師：先有美國牧師的女兒師盈，後為美國女教師任薩姆。婉容英文學得的確不錯，雖然她與溥儀天天見面，但在紫禁城的兩年多時間裡，卻用英文給他寫了大量短信，落款也總是溥儀為她起的與英國女王相同的英文名字：「Elizabeth」（伊利沙伯）。

新婚燕爾，帝、后二人相依相伴，頗為和美。然而，婉容心中還是很難容下「淑妃」文繡的存在。當時，婉容住儲秀宮，文繡住長春宮，溥儀則繼續獨住養心殿。起初，溥儀待文繡還比較平等，尚能做到「一碗水端平」。他為婉容聘請英文教師，也為文繡請了一位英文專家、中國人凌女士。平時，除了在儲秀宮陪伴婉容外，也常到長春宮與文繡聊天。一些適宜后、妃參加的活動，溥儀也總是讓婉容、文繡一起出面。

後來，婉容的猜忌之心日重，以為皇帝不在儲秀宮留宿，必定是去了長春宮，並常常為此大發脾氣。溥儀被這種事糾纏，也就真的很少去長春宮，與文繡逐漸疏遠。即便如此，婉容還是要製造出種種的不愉快，有時還硬把溥儀拉來「聖裁」，直到自己佔了上風才肯罷休。其後，凡涉婉容、文繡的事，皇帝都變成了「一頭倒」。

宣統十五年九月十七日（1923 年 10 月 26 日），是婉容入宮後第一個「千秋節」（即皇后壽辰）。起初準備隆重慶祝一番，後因「節儉經費」而「傳諭停止祝賀」；即使如此，溥儀還是傳旨請了著名藝人入宮，演出雜耍、戲法，整整熱鬧了一天。時隔僅一個多月，12 月 15 日就是文繡的生日，溥儀卻只發一紙「因體念時艱起見，已擬止賀」的諭旨，便不聞不問，了無聲息。

婉容爭寵好勝，固然有其性情方面的因素，主要還是由宮內枯燥、生活寂寞所致。她雖然貴為「皇后」，過着衣食華貴的生活，但紫禁城的高牆卻一直束縛着她的自由。夫妻關係上的難言之隱，更使她陷入深深的苦悶之中。新婚不久，她就變得鬱鬱寡歡。開始，還常常以讀書、畫畫和寫字來消磨時光；後來終因無法忍耐精神上的空虛，染上了吸食鴉片的惡習。

文繡從小接受三從四德的教育。雖說其相貌不及婉容，性格卻遠比她文靜

寬厚。文繡知道自己地位不及皇后，理應有所忍讓。「后」、「妃」衝突時，溥儀總是偏袒婉容，文繡有氣也只能忍耐。

文繡出身於沒落的官宦之家，姓額爾德特氏。祖父錫珍官至吏部尚書；父親端恭係長房，一生不得志。母親蔣氏是漢族人。文繡又名蕙心，自號愛蓮，幼時讀書以及同溥儀離婚後都用「傅玉芳」之名。屬鑲黃旗。宣統元年十一月初八日（1909 年 12 月 20 日），文繡生於北京東城安定門大街方家胡同，幼年時父親逝世，其母撫養文繡三姐妹艱難度日。十五虛齡時，文繡被選入宮。

1923 年 1 月 4 日舉行冊封儀式，文繡成為清遜帝溥儀的「淑妃」。

溥儀的婚姻保留着清代皇帝的傳統，沿襲了一夫多妻制，納入一「后」一「妃」。文繡是被溥儀首先相中照片的姑娘，卻敗於「宮廷太妃」和「王公」們的派系鬥爭而屈就。

按清皇室祖制，皇后的冊立禮應在大婚前一天舉行，妃子的冊封儀式則在大婚後的週月舉行。據現存檔案《皇后冊文》記載，1922 年 12 月 1 日的大婚禮和皇后冊立禮是在同一天舉行的；而《淑妃冊文》則說明妃子冊封儀式是在1923 年 1 月 4 日舉行的。按規矩，淑妃文繡於大婚的前一天走進紫禁城，入住長春宮。

溥儀和如夫人文繡在後三宮中有過一段甜蜜的夫妻生活。文繡愛讀書且內秀，在長春宮居住的兩年間，經常閉門讀書，並不斷教宮女認字。溥儀給她派了漢文教師朱益藩，授四書五經等課程；還請來了英文教員，教其學習英語。

溥儀、溥傑、潤麒於養心門東側影壁前

給溥儀當伴讀的御弟溥傑

伴讀毓崇身著溥儀在養心殿西暖閣發現的乾隆狩獵時穿
過的盔甲。該套盔甲係琉球國王進貢，很似日本甲冑

1922 年，大婚前的溥儀

婉容（1906-1946）半身近景像

婉容半身像

婉容半身像

端恭之女額爾德特氏年十五歲

尤容 *Yung Kuang*
冬讓房鑫京北

文繡（1910-1953）送選照片。溥儀就在這張照片上畫了一個鉛筆圈，改變了文繡一生的命運

婉容大婚時著朝服側立像

婉容大婚時著朝服正立像

文繡入宮時著朝服側立像

文繡入宮時著朝服正立像

紫禁城乾清宮

▲ 迎娶皇后婉容的鳳輿停在乾清宮前
▼ 溥儀大婚時，警察在神武門內護衛

▲ 溥儀大婚時坤寧宮東暖閣洞房東面「壽」「喜」字及棉門簾

▼ 坤寧宮內西喜床上方「日升月恆」橫匾及龍鳳雙喜帳

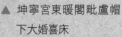

▲ 坤寧宮東暖閣毗盧帽
下大婚喜床
▼ 溥儀大婚時坤寧宮東
暖殿正間雍正御筆「位
正坤元」匾與屏風、寶
座及緞繡百子靠背、
迎手、坐墊

▲ 溥儀大婚時坤寧宮內東
　喜床龍鳳雙喜幔及北牆
　雙喜字貼落、對聯

▼ 溥儀大婚時坤寧宮內靠
　背、迎手、坐褥、羊角
　喜字燈及北窗雙喜字

▲ 溥儀大婚時坤寧宮東暖殿東間
▼ 溥儀大婚時坤寧宮內景

溥儀、婉容大婚後在養心殿前接見外國來賓

溥儀（右八）、婉容（右五）在頤和園南湖島上的涵虛堂正門前接見各國外賓

溥儀大婚時，婉容繼母愛新覺羅・恆馨（左三）、
弟潤麒（左一）在後門橋榮公府

大婚後的溥儀與婉容

◀ 大婚後的溥儀
▶ 大婚後的溥儀與婉容

◀ 大婚後的溥儀
▶ 大婚後的溥儀與婉容

大婚後的婉容

大婚後的婉容

溥儀和他的師傅朱益藩（左）、陳
寶琛（右）在御花園養性齋前

莊士敦在翊坤宮前

身著帶貂褂的莊士敦

剪辮後站在紫禁城御花園內的溥儀

溥儀與潤麒（右二）、溥傑（右三）、莊士敦（右四）在御花園

溥儀與莊士敦（右三）、溥傑（右
二）、潤麒（右一）在養性齋樓上

▲ 溥儀等人在御花園。左起：溥儀、莊士敦、伴讀毓崇、伴讀溥佳、溥傑（立樹上）和潤
麒（立樹上）

▼ 溥儀與莊士敦（右一）、潤麒（左二）、溥傑（左一）在御花園

◀ 溥儀（右一）與溥傑（右三）、莊士敦（右二）、潤麒（右四）在御花園假山上
▶ 溥儀（右一）與莊士敦（右二）、潤麒（右三）、溥傑（前坐者）在御花園

▲ 溥儀（左二）、溥傑（左
四）、潤麒（左三）、潤
良（婉容之兄，後立）
等人在御花園
▼ 溥儀與溥傑（左）、毓崇
（右）在御花園連理柏
樹前

溥儀與鄭孝胥（左一）、莊士敦（右一）等人在御花園

婉容與莊士敦及英文教師任薩姆

婉容與英文教師任薩姆

◀ 婉容與英文教師任薩姆
▶ 文繡與英文教師任薩姆

婉容、文繡與英文教師任薩姆

◀ 婉容、文繡的英文教師任薩姆
▶ 婉容、文繡的英文侍讀瀛女士

任薩姆與瀛女士

婉容在御花園

婉容在儲秀宮

婉容在宮中

婉容在宮中

▲ 婉容在翊坤宮前
▼ 婉容在養心殿前

婉容在储秀宫前

婉容在御花園

文繡在宮中

文繡在御花園

文繡在宮中

皇后婉容與淑妃文繡

國中之國

蟄居於紫禁城後三宮遜清的「帝」「后」「妃」們，仍然過着「皇上陛下」「磕頭嗻嗻」的生活，還實行着一派清代宮廷舊儀。居住在紫禁城外的遺老遺少們，即末代皇帝溥儀的叔輩、侄輩們，以及皇族的其他親戚們，各地清朝舊臣等，則隨着時代潮流，大多剪了辮子，換了裝束。

　　溥儀的辮子被所有人看得十分重要。不僅「太妃」們和溥儀的師傅們不同意皇帝剪辮子，就連已經自己剪了辮子的「皇親國戚」們也絕不允許溥儀剪辮。

　　在紫禁城內，誰給皇帝剃頭呢？原來，剃頭這一行是由專職太監來做的。宮內專職管理太監的機構稱為敬事房，敬事房內有個按摩處，養着一批太監，他們不僅會按摩還會剃頭，這是他們的專業特長。皇帝大凡每十日剃頭刮鬢一次，大多選在初一、初十和二十日，並擇定吉時進行。

　　清代男子剃頭蓄辮，腦後一根長辮子，一直拖了二百餘年，直到辛亥革命後才改變髮式和衣著裝扮。然而，1911 年後，以遜清皇帝溥儀為代表的遺老遺少們，腦後依然拖着長長的大獨辮，似有「數典不忘祖」之勢。從民國二年（1913年）起，民國政府內務部曾多次給遜清皇室小朝廷的內務府來函，希望能協助勸說旗人剪去髮辮，還想規勸住在紫禁城裡的人們也能剪辮。雖然語氣非常和婉，但態度堅決，言下之意，只有剪去髮辮才能昭示大同、整齊風俗。於是，京師警察廳每日派巡警到各王公府第催促剃髮，甚至強制剃髮。儘管如此，在遜清皇室小朝廷的人們，都不願剪去這根標誌清朝大統的辮子，而遜清皇室內務府找了不少理由去搪塞民國政府內務部，居然還說甚麼辮子可以作為識別進出宮門的標誌。總之，製造種種理由，以圖達到抵制時代潮流的目的。因此，在紫禁城內，這根辮子又存在了好幾年。雖然紫禁城外五色旗飄揚，而紫禁城

內依舊是辮子世界。

給皇帝剃頭，太監必須身穿專用服裝，屆時空身前往。太監「請刀」時四周禁衛軍林立，氣氛森嚴，非同小可；疏忽大意或精神過於緊張，就無法操作。清宮內敬事房按摩處太監都是從小學習手藝，其剪髮剃頭技藝都是第一流的。

某日，溥儀突然傳喚剃頭太監來剃頭，命他幫自己把辮子剪去。剃頭太監嚇得面無人色，不敢奉命，跪地哀求皇上另請高明。他萬不敢動手將御辮剪掉，這個罪名擔待不起。溥儀見狀，一聲不響，從寢宮中拿起一把剪子，親手把自個兒的辮子剪了。

自溥儀剪辮，一個月內，紫禁城遜清小朝廷原有的一千五百條辮子一下子只剩下三條。它們分別屬於溥儀的三位師傅：伊克坦、陳寶琛和朱益藩。不久，滿文老師伊克坦逝世，宮中便只剩下陳寶琛和朱益藩兩條辮子了。

一個偶然的機會，莊士敦發現溥儀可能患有嚴重的近視，於是建議請外國眼科醫生檢查，如果確實，就要為溥儀配戴眼鏡。對此，從端康太妃到宮中多數人都表示反對。他們認為，皇上的眼睛不能讓一個外國人隨意翻看。皇上正當青春年華，不能像個老頭兒那樣戴一副鏡子。最後，莊士敦以辭職相威脅，又經與諸太妃、醇親王和內務府官員們不斷爭辯，更重要的是溥儀也站在他的一邊，最終，莊士敦成功了。他對此回憶：「1921 年 11 月 7 日，懷著輕鬆和凱旋的心情，我寫信給 H-J·霍華德教授，北京協和醫學院（洛克菲勒基金會）眼科系著名的美國系主任，邀請他到紫禁城作一次職業性拜訪。」「檢查是在 11 月 8 日由霍華德博士和他的中國助手李景模博士所做的。他們的報告大意是說，陛下患有嚴重的進行性的近視和其他的視覺缺陷，必須戴上眼鏡，他們及時地開具了眼鏡的處方。」此後，溥儀就配了眼鏡。莊士敦還說明：「眼鏡給皇帝帶來了舒適，皇帝對此感覺良好。這種變化是非常明顯的。事實上，皇帝不久就對他的眼鏡極為熱心起來，他一刻也不願意離開眼鏡，甚至在照相和畫肖像時。」由此可以推斷，溥儀戴眼鏡而留下的多幀照片，肯定都是 1921 年以後拍攝的。

溥儀在紫禁城內曾一度愛上了攝影，命人從國外購進了不少照相機。他為婉容、文繡拍下了不少照片。這些照片大多不拘一格，隨心所欲，幽默新穎，

動靜和諧，毫無矯揉造作之感。加上不同角度的運用所烘托的歡樂明快的氣氛，更使觀之者頗受感染。其中，文繡手不釋卷的照片有多幅，可見她照相時還忘不了書本。宮中的生活十分寡淡，書籍成了文繡重要的陪伴。

遜清時期的宮廷照片不再帶有清末攝影那份拘禁和做作，影像畫面中的人物性格更加突出，表情更加豐富。它們大多構圖新穎、意境清新、影調豐富、多彩多姿。這些攝影作品的風格是樸實生動的，題材是簡潔明快的，浸透着濃厚的生活氣息和情趣。

在紫禁城的日子裡，溥儀的生活大多是閒適而悠暇的。宮禁朱黃四方天地，久住難免發膩。成年後他開始迷戀西洋事物，愛穿西裝，用西洋裝飾、餐具，玩鋼琴、網球、汽車等西洋物品。前文已經提到，他還沉迷於照相。溥儀曾照過一張「分身像」。當時較為通行的是照兩張，然後合成一幅或採用兩次遮擋曝光的手法完成。而這張「分身像」看上去達到了亂真的地步。它足以證明攝影師現場拍照及暗房加工工藝嫻熟的技巧和高超的創作水平。

為了自尋樂趣，溥儀時常手持美國柯達相機，於紫禁城中拍攝小照，尋找有趣的生活片斷獵取鏡頭。婉容、文繡等人也給他拍照。故宮存照中，尤數溥儀和婉容入鏡最多，數量均在百張以上。溥儀著朝服、便服、西裝革履像，上房騎馬，澆花、打拳的生活小照，以及與相貌兇悍的德國純種大狼狗「泰戈」合影，花樣繁多，皆不雷同。

溥儀拍照為出新意，獨出心裁，穿上特派太監出宮給他置辦的民國將領軍服，佩寬皮腰帶及軍刀，足蹬馬靴，端坐於寢宮前一把西式皮榻轉椅上照戎裝相，顯得很是威風神氣。此事傳到端康皇太貴妃（瑾妃）耳中，令其大為震驚。她當即將溥儀傳去盤問、訓話，竟又發現皇帝還穿着太監從宮外買來的洋襪子。端康認為這是有失體統的大事，立即命人把當事太監李長安、李延年傳喚至永和宮，按宮法每人重責二百大板，發落到宮內打掃處充當苦役，對溥儀則嚴加申飭了一頓。她訓斥道：「大清皇帝穿民國的衣裳，還穿洋襪子，這還像話嗎？」溥儀只得乖乖地摘下洋刀，脫去馬靴洋襪，讓太監收起那還沒穿熱的軍服，換上褲褂和繡着龍紋的布襪。

　　溥儀喜歡養狗，愛犬多達一百多隻，不僅有中國的各種名狗，還有各種外國洋狗。家犬、警犬，有大有小，黃、黑、花毛色各異，每隻都起有名字，繫以牌號，如紫球、蓬頭、蝴蝶、紫獅子、小鬧，等等。眾犬之中溥儀尤其喜愛洱犬。他不惜花大量金錢，通過各種渠道，購買英國的大虎形犬，如泰格、歡兒、鵬特等便是從英國購買的。還有從德國購買的警犬，如蘭兒、巴拉姑、三兒、赫典等。洋犬當中溥儀最喜歡的是德國警犬。1922 年春，內務部警犬研究所所長錢錫麟將專門訓練過的三隻德國警犬送給溥儀，一隻是大白牝犬叫班娣、一隻是大黃兒犬名胖兔，另一隻是大黃牝犬叫瑞接提。每天閒暇時溥儀便馴犬玩樂。他訓練了兩隻十分馴順機敏的警犬，一隻叫佛格，一隻叫台格。溥儀令它們尋東西，它們便能很快把主人藏的物品找出。溥儀命它們咬人，它們便兇猛地向對方撲去。

　　溥儀養的犬派有專人餵養，每天餵的都是豬肝、牛肉和米飯之類，為此花費大量錢財。根據現存的狗食賬單，每天餵狗要用米五十斤左右，牛肉兩斤，豬肝十二斤，以及其他食物，每月花費約三百多元，全年需狗食費三千六百多元。狗生了病，還須請專門醫生醫治。東單牌樓北路「西通愈堂」的劉長森就是經常進宮為狗看病的醫生之一，溥儀給狗看病開銷的醫藥費、車馬費也不少。

　　在現存影像中，留有多幀反映溥儀與愛犬嬉戲的照片。如溥儀與「國舅」潤麒在養心殿前的一幅合影中，就有一隻狼狗蹲坐在一側，樣子十分兇悍。這位喜歡搞惡作劇的「皇帝」很愛看狗打架，心血來潮，還放狗撲咬太監取樂。小朝廷中的其他人也都以養狗為樂。「皇后」婉容、「淑妃」文繡和端康太妃等，都有與小狗合影的照片存世。一些地位較高的太監、宮女，也大都豢養自己的寵物。有個掌案太監還花五百塊大洋買了一隻藏獒，由一名太監負責餵養。這隻狗大得像一頭小驢，全身都是虎皮花紋，頭上有一「王」字。溥儀發現後很是喜歡，太監只好把它獻給了皇上。

　　溥儀也很喜歡騎自行車，他的第一輛車子是大婚時伴讀溥佳贈送的賀禮。貪玩的溥儀見到這些新鮮玩意兒非常高興，不由分說就開始練習。陳寶琛得知此事將溥佳狠狠申斥了一番：「皇上是萬乘之尊，如果摔壞那還了得，以後再不

要拿這種危險物進呈皇上！」然而溥儀並沒有摔傷，雖然剛練車時還要由幾名小太監護駕，才能勉強騎行一段，沒過幾天就上下自如，還能隨心所欲地賣弄花樣，繞着大樹走 S 形。

學會騎車後，溥儀就命內務府大量購買類型不同、牌號各異的外國自行車，包括英國的美人牌、雙槍牌、三槍牌、帽牌，法國的雁牌、雙人牌、獅子牌，德國的藍牌等等。玩膩了他就將其賞賜給親屬和隨侍人等，隨即再買新的。據清宮檔案記載，溥儀經常保留在宮中的自行車多達二十餘輛，御花園內絳雪軒便成了他的存車房。他甚至還培養了一名專門為他修理自行車的太監。

後來，溥儀又對汽車有興趣了。1924 年，他命內務府由北京亨茂洋行買來當時最新款式的小汽車三輛：一是美國通用轎車，現洋四千元；二是上海造小汽車，現洋四千元；三是美國別克牌轎車，現洋三千四百元。不過，由於汽車車體較大，在紫禁城中難以施展，只有出宮時才能乘坐，加之溥儀出宮的機會又很少，故而主要還是騎自行車。

除了閒散的生活照，溥儀還留下了在故宮進行外事活動的影像。1924 年，聞名歐洲的泰戈爾訪問中國。他一面受到梁啟超、蔡元培、胡適、蔣夢麟、梁漱溟、辜鴻銘、熊希齡、范源濂、林長民等大批中國學者、名人的歡迎，同時也遭到魯迅、郭沫若等另一面學者的敵視和批判。4 月，泰戈爾來到北京，莊士敦特地登門造訪，嗣後又精心安排他由詩人徐志摩、林徽因等陪同，走進了神秘的紫禁城，並與遜位皇帝溥儀見面。在御花園養性齋暢談後，溥儀還專門設宴招待這位詩人。陪同會見的還有莊士敦、泰戈爾的印度隨行人員鶴谷、英國作家伊連赫、英國女記者戈林以及清室內務府大臣鄭孝胥。

溥儀遜位後仍寢居於宮中內廷，維持小朝廷的生活達十三年之久。他的整個兒童和少年時代都是在紫禁城中度過的。深宮高牆，隔絕於世，沒有同齡孩子和他玩耍，只有太監們朝夕不離左右，侍候他穿衣、吃飯、睡覺和上學，給他講故事，受他的賞也捱他的罰……

民國五年（1916 年）春，敬懿皇貴妃為了籠絡溥儀，破例召其祖母劉佳氏、生母瓜爾佳氏進宮會親。二弟溥傑、大妹韞媖也跟着來到紫禁城，陪着「皇上

哥哥」玩兒了幾天。直到這時，「萬乘之尊」的小皇帝才得到了一點兒本來就屬於孩子的歡樂。

那天上午十時左右，溥儀在太監的簇擁下來到長春宮，向久已生疏的祖母和母親請跪安，溥傑、韞媖也跪下向溥儀請安。溥儀上上下下打量着弟弟、妹妹，又看着祖母和母親。大家也都一聲不響地看着「皇上」，場面尷尬。多虧總管太監張謙和打破僵局，他笑着説：「萬歲爺平常老惦記着老福晉和福晉，多年不見有點兒認生了，過一兩天熟了就好。」由他提議，原本的一家人一塊兒走進祖母居住的長春宮西配殿，溥儀與祖母、母親在炕上對面而坐，溥傑、韞媖則規規矩矩地站在地上，不言不笑。過了一會兒，溥儀又把弟、妹領到自己的寢宮養心殿，氣氛才活躍起來。

此後，溥儀的祖母、母親和弟弟、妹妹進宮會親的次數逐漸增多。大人們也經常到太妃宮裡見面聊天。溥儀就拉着弟、妹玩耍，同桌餐飲，十分開心。

隨着進宮次數增多，居住時間延長，除了應酬禮節，「自由活動」時間也就多了。溥儀名為「皇上」，卻也是愛玩好鬧的孩子。為了解除寂寞，他常常要弟妹們陪他遊戲，越玩兒越高興。溥儀沒有甚麼「皇帝的譜兒」，御弟和格格們也忘掉了「要一本正經」，君臣之別消失了。後來，他們索性把養心殿外面的竹簾子全放下來，殿內漆黑一片，大夥兒在裡邊捉迷藏，溥儀和溥傑這兩個男孩兒發出鬼叫狼嚎的聲音，故意嚇唬幾個格格，她們驚駭不已，溥儀感到很開心，快樂，又笑又嚷。捉迷藏玩累了，他們就倒在炕上喘氣。

也許是溥儀玩上了癮，以後，不僅太妃宣召她們進宮，溥儀也親自宣召。逢年過節，生日或喜慶，他一高興就宣召，一年少説也有幾回。不僅和他同母的三位格格要來，同父異母的其他四位格格也先後都「入宮覲見」，一同玩耍。玩兒膩了捉迷藏，他又想出新花樣兒，買來了自行車，在宮裡練習騎。格格們來了，溥儀就表演給她們看，也讓她們學着騎車兜風兒，從殿內轉到殿外。

除了會親之外，溥儀最高興的事便是在毓慶宮院內看螞蟻上樹，背着師傅與伴讀玩兒遊戲。他的伴讀先後有毓崇、溥傑和溥佳等人，他們也同溥儀一樣天真貪玩兒，只是在太妃和師傅們面前才變得規規矩矩。

溥儀大婚後又多了個玩伴，就是「皇后」婉容的弟弟、被溥儀賞給「二品頂戴」的「國舅」潤麒。溥儀十七歲就有了一后一妃，仍然不諳世故，天真得與實際年齡很不相符。他經常宣召年僅十歲的潤麒進宮，與溥傑、溥佳和毓崇一起玩耍。潤麒生性頑皮，遠比別的孩子淘氣，膽子也大。他常在養心殿屋頂上爬來爬去，拿皇帝「永保天命」的御璽到處亂蓋，坐在寶座上過「皇帝」癮，騎在「皇帝」姐夫的肩上照相……溥儀卻偏偏對他十分寬容，不僅絲毫不加以約束，竟然有時還很聽他的話！溥儀為了騎自行車而鋸掉宮中的門檻，餿主意恰恰就出自這位淘氣的小「國舅」。潤麒僅是少年，個兒不高，剛到溥儀腋下，他們玩兒得那樣開心，無憂無慮，無拘無束，如同尋常百姓家的兄弟倆。這或許是溥儀拋開小朝廷雜事最興奮的時刻。

此時的溥儀早已忘卻了兒時的孤寂，不過他也並非完全沉湎於玩樂。在莊士敦師傅的影響下，他了解了歐洲各國的富麗繁華，產生了出國留學的念頭。對此皇族們都持反對態度，溥傑卻能成為他的得力助手。為了籌備出洋經費，溥儀把宮裡最值錢的書畫和古籍，以「賞賜溥傑」的名義，令其偷偷運到宮外，再由皇叔載濤轉移到天津，存放於溥儀在英租界內購買的一所花園洋房內。溥傑、溥佳每天放學回家，都必帶一個大包袱。如此私運國寶，從 1922 年 9 月 4 日到 1923 年 1 月 28 日從未間斷。後來，民國政府漸起疑心，溥儀才決定暫時中止。據統計，短短五個月內，他們共轉移宋元明珍版古籍二百多部、唐宋至明清歷代精品書畫兩千多件。溥儀避居天津後，其生活費中相當一部分就來源於變賣這些珍貴的傳世國寶，而他潛往東北以後，又把這些東西帶到長春，存藏於偽滿皇宮小白樓。偽滿垮台後，這些珍品大部散佚。

溥儀自幼生活在紫禁城的深宮大院之中，固守着清王朝那些僵化的祖制、家法。長到十八歲時，隨着獨立意識逐漸增強，他時而登上御花園的假山或神武門城樓向外眺望，愈來愈渴望了解紫禁城以外的世界。溥儀總想出去玩玩兒，呼吸一下外面的空氣。可每當他表達這種願望的時候，非議和刁難也就隨之而來：外面太危險，出宮會遭到革命黨的襲擊……似乎只有規規矩矩地待在皇宮，才能萬事大吉。

1921 年 9 月 30 日，溥儀的生母、醇親王福晉瓜爾佳氏吞食鴉片自殺。噩訊傳來，溥儀堅決要求前往醇王府探視，太妃及內務府大臣不便再作阻攔，只得同民國政府聯繫保衛事宜。10 月初的一天，溥儀平生第一次乘坐汽車，第一次被允許走出紫禁城，由十幾輛小汽車組成的車隊送出神武門，經景山西街、地安門大街，出地安門中門，駛向後海北岸的醇王府。沿途十步一崗，五步一哨，馬路兩旁聚集了很多圍觀的百姓。

到母親靈前拜祭完畢，溥儀就匆匆返回了宮中，在醇王府停留不足半天。有了這次經歷，紫禁城的高牆就再也無法關住那顆躁動的心了。宮中居喪過後，他又提出到北京城內遊覽，當即遭到各方面的反對。大家認為要同民國政府反覆交涉，讓他們派警察、警兵、衛隊，要大量僱汽車，花費太多……

溥儀每次出行，都有清宮內務府大臣和民國官員乘坐僱來的汽車陪同。名為保護不錯，實為監視也不虛。事實上，他們都在暗中給小皇帝劃定了活動範圍，即北城醇王府和西城師傅們的府邸，而絕不能讓他前往內城的南部，因為那裡聚集着外國使館。

大婚後，溥儀偕「后」「妃」出宮的次數更加頻繁，到 1923 年達到高潮。這年盛夏，溥儀與婉容、文繡連續三次到景山遊玩，當時的《順天時報》報道：「清帝宣統昨日（7 月 31 日）午刻偕同清后（婉容）、淑妃（文繡）、伊弟溥傑，率領御前侍衛、漢羅扎布、烏拉喜春、榮源、錫明、廣壽、文錡、訥欽布、溥坪，及內務府紹英、耆齡、寶熙三大臣，帶領護軍，出神武門，遊覽景山，參觀京全景。並在正中亭上飲食啤酒、汽水、餅乾，頗有興趣。至下午五時，仍由原路回宮……」

這一年，溥儀還先後分別於 4 月 30 日、6 月 6 日、6 月 9 日和 12 月 22 日四次偕婉容、文繡前往醇王府，探視病中的祖母劉佳氏，並順便遊逛了王府花園；先後於 6 月 2 日、8 月 4 日兩次到帽兒胡同榮公府省親。次年，他們又在 1 月 13 日赴醇王府，參加溥傑和唐石霞的婚禮；2 月 8 日，再度赴醇王府祝賀其父載灃壽辰……北京市民一見地安門中門大開，就知道小皇帝又出宮了，於是相互招呼着「看過皇上嘍」，紛紛聚集在馬路兩旁。

1924 年，溥儀派其英文師傅莊士敦管理西山和頤和園事務，就在洋師傅就任新職的同一天，他們第一次遊覽了頤和園。民國政府和清室內務府共派十二輛汽車，溥儀和莊士敦乘第一輛先行，婉容、文繡坐第二輛次之，其他車輛則緊隨其後。

此後，溥儀又多次到頤和園遊玩，並在莊士敦陪同下遊覽了香山和八大處。當然，每次出行都有一支浩浩蕩蕩的車隊相隨，別無例外。

年輕的皇帝和皇后遊景山，逛頤和園，而且雙雙多次乘車去後海醇王府探視老福晉劉佳氏的病況，把遜清內務府官員和毓慶宮師傅們急壞了。「天子」隨便出宮，與「祖宗家法」相忤。於是，他們決定減少暑假時間，提前於農曆七月初四日開學授課，以此來約束、限制溥儀的行動。溥儀與婉容的遊園、探親活動，開學以後顯著減少，但關於他倆雙雙出宮的消息，還是在社會上時有流傳。比如他們在 1923 年 12 月 22 日一起赴醇王府「省視醇王之二太福晉」；1924 年 1 月 13 日一起為溥傑結婚而「赴醇王府受雙禮」；2 月 8 日一起赴醇王府「與醇王慶祝壽辰」等等。

婉容在宮中除學習英文和「國學」外，還繪畫、彈琴、寫信、遊戲、攝影。她照相時大多是身體微微前傾、頭微垂、雙手交叉扶在膝間，顯得雍容高貴、溫存典雅，是典型的「中國古典美人」。與溥儀相比，在鏡頭前的婉容更顯得活潑可人。今天的我們可以從照片中看到她的朝服像、宮妝照，也有即興小鬧劇似的生活照，如戴西洋眼鏡、吹簫持扇、登高爬樹、騎腳踏車，以及用太監的帽子做道具所拍的像片，姿態各異，皆饒有情趣。她生性活潑，喜歡到「紅牆黃瓦黑陰溝」以外的地方去遊玩。這是婉容比較得意和輕鬆的一段時光。

早在婚前婉容就學會了吸香煙，當時這是社會上有錢人家青年女子的一種時髦嗜好。婉容留下了在紫禁城內手持香煙的照片，還有溥儀為之點煙的鏡頭。溥儀等遷入天津後，發現婉容有精神疾病且病情常有反覆。為了治病，溥儀允許讓她吸點兒鴉片煙嘗試，因為鴉片有一定的鎮靜作用。婉容的父親榮源就患有精神分裂症，曾以吸鴉片煙控制病情。溥儀認為婉容的精神病即遺傳因素所致。

剪辮前的溥儀在御花園

▲ 剪辮前的溥儀

▼ 溥儀剪掉的髮辮。今存北京故宮，並
留有當年的紙據一張，注明：「宣統
十三年潤五月初三日上交辮子一條。」
由此可知，溥儀剪辮在 1921 年夏

剪辮後的溥儀坐在靠椅上

剪辮後的溥儀

剪辮後的溥儀

剪辮後的溥儀

剪辮後的溥儀

▲ 溥儀戴帽西裝半身像
▼ 溥儀戴帽西裝全身像

溥儀在紫禁城養心門東側影壁前看書

溥儀與潤麒在御花園四神祠

◀ 溥儀在養心殿前看懷錶
▶ 溥儀在養心殿前的背影
▼ 溥儀坐在養心殿東暖閣窗台上看書

◀ 溥儀與潤麒坐在養心殿東暖閣窗台前
▶ 溥儀、潤麒與狼狗在養心殿東暖閣廊下
▼ 溥儀與潤麒坐在養心殿東暖閣窗台上

溥儀與潤麒在御花園天一門東南的褉賞亭前

溥儀、婉容與潤麒、鐵格格（毓崇胞妹）、韞媖、
韞龢、韞穎在御花園欽安殿東牆外

溥儀、婉容與潤麒、鐵格格、韞媖、韞龢、韞穎
在御花園養性齋前

婉容與潤麒、鐵格格、韞媖、韞龢、韞穎在御花園養性齋前

逗弄愛犬的溥儀

照相時的溥儀

溥儀背身整理相機

▲ 溥儀在宮中練習自行車時跌倒的瞬
　間。為方便騎車進出，他命人鋸掉
　了宮中二十幾處門檻
◀ 御花園中的溥儀
▶ 溥儀與潤麒等人在御花園

溥儀在御花園

◀ 溥儀在儲秀宮前
▶ 溥儀在延禧宮前

▲ 溥儀在御花園
▼ 溥儀在御花園澆花

溥儀與潤麒在御花園

溥儀在養心殿前練拳

▲ 溥儀在養心殿前練拳
▼ 溥儀在養心殿院內

婉容在養心殿院內。左為宮中太監，右為溥儀背影

太監為婉容點煙

◀ 溥儀與婉容在擺玩相機
▶ 婉容與側近侍候的太監

溥儀為一旗人婦女照相

溥儀為一旗人婦女照相

溥儀戴眼鏡像

溥儀在御花園

溥儀在紫禁城宮殿黃瓦上

◀ 溥儀與潤麒在御花園
▶ 溥儀與溥傑在御花園

溥儀、溥傑、潤麒在欽安殿後漢白玉石欄上

▲ 溥儀與溥傑（右）、潤麒（左）在御花園
▼ 溥儀與潤良（右二）、毓崇（右三）、溥傑（右四）、潤麒（右五）等在御花園

溥儀與端康太妃、溥傑、毓崇在御花園

溥儀在養心門花壇前

溥儀在養心殿院內花叢中

溥儀與太監在養心殿前

溥儀在御花園千秋亭旁

溥儀在翊坤宮前戎裝立像

溥儀在翊坤宮前戎裝坐像

溥儀在養心殿前

▲ 1924 年 4 月，溥儀會見印度詩人泰戈爾並與其在御花園四神祠前合影
▼ 鄭孝胥與泰戈爾在御花園四神祠前

溥儀在景山

◀ 溥儀在景山
▶ 溥儀、溥傑、潤麒在景山萬春亭前

◀ 溥儀、溥傑、潤麒在景山萬春亭前
▶ 溥儀等人在景山

婉容在景山

婉容在景山

婉容與文繡在景山萬春亭前

◀ 婉容與文繡在景山萬春亭前
▶ 婉容與繼母恆馨在景山萬春亭前

婉容手執團扇立像

婉容手執團扇坐像

婉容著旗裝在宮中

手持煙捲的婉容

◀ 婉容持笛
▶ 婉容抱小狗

婉容抱小狗

▲ 婉容逗小狗
▼ 婉容和她的小寵物

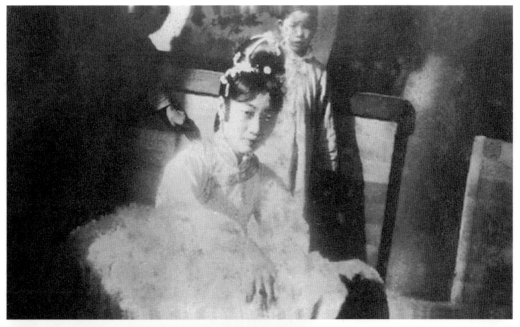

▲ 婉容和她的小寵物
▼ 婉容在寢宮前

婉容在御花園

婉容在宮內騎車

婉容在宮內騎車

文繡在宮中

◀ 文繡在長春宮
▶ 讀書時的文繡

◀ 文繡讀書
▶ 文繡吹簫

手舉絲巾的文繡

文繡在宮中逗狗

◀ 文繡抱狗
▶ 文繡逗狗

 ▲ 文繡在御花園
▼ 文繡在長春宮前

手持相機的婉容

手持相機的婉容

▲ 婉容在把玩相機
▼ 婉容在架相機

婉容在照相

▲ 婉容在把玩相機，旁站一太監
▼ 婉容為端康太妃（瑾妃）照相

文繡在把玩相機

文繡在把玩相機

文繡在把玩相機

▲ 端康（瑾妃）與婉容在建福宮玩小車

▼ 端康與唐石霞（1904-1993。右一，瑾妃侄女、溥傑前妻。1949年遷居香港，執教於香港大學東方語言學校，著名畫家）等在延禧宮觀金魚

端康（瑾妃）、婉容、文繡與溥儀弟妹在醇王府。前
排左起：載灃側福晉鄧佳氏、溥儀大妹韞媖、三妹韞
穎、六妹韞娛、四弟溥任、五妹韞馨、二妹韞龢、四
妹韞嫻；中排坐者：端康；後排立左起：文繡、婉容

端康（瑾妃）與婉容（左二）、文繡（左三）、唐石
霞（右一）等在御花園

婉容與文繡由太監護侍在御花園

婉容與文繡在御花園

婉容與文繡在御花園

婉容與文繡在御花園

▲ 婉容與文繡在御花園

▼ 婉容在御花園

婉容、文繡、唐石霞（右）在御花園

婉容、文繡、唐石霞（中）在御花園

婉容、文繡、唐石霞在御花園堆秀山上

婉容、文繡、唐石霞（右二）
等在御花園

容婉、繡文、霞石唐（右）在御花園澄瑞亭中

婉容、文繡與溥儀大妹韞媖（右三）、二妹韞龢
（右二）、三妹韞穎（右一）、四妹韞嫻（左二）、五
妹韞馨（左一）、四弟溥任（左四）合影

婉容、潤麒（前排右二）、鐵格格（後排右二）與溥
儀大妹韞媖（後排左三）、二妹韞龢（後排左一）、三
妹韞穎（後排左二）、四妹韞嫻（前排右一）、五妹韞
馨（前排左一）、四弟溥任（前排左二）合影

婉容與溥儀三妹韞穎在儲秀宮前

▲ 婉容與溥儀的妹妹們在儲秀宮前
▼ 婉容與溥儀的妹妹們在宮中

文繡與鐵格格在宮中

溥儀的妹妹們在儲秀宮中

載灃及其子女。前排自左至右：韞馨（五妹）、韞穎（三妹）、溥任（四弟）、韞娛（六妹）、韞歡（七妹）、韞龢（二妹）、韞嫻（四妹）；後排自左至右：韞媖（大妹）、載灃、溥傑（二弟）

溥儀妹妹韞娛（左）、韞穎（中）、韞龢（右）在宮中

◀ 潤麒與張玉春媽媽在御花園
▶ 潤麒在宮中玩狗

身著戲裝的潤麒（右）

◀ 御花園內旗裝女

▶ 鐵格格在宮中

驅逐宮禁

民國十二年（1923 年）6 月 26 日夜，紫禁城西北部建福宮花園區的敬勝齋突然起火。火勢很快蔓延開來，一直燃燒了十個小時之久，不僅將這一區域內數百年的雄偉綺麗的建築延春閣、靜怡軒、慧曜樓、吉雲樓、妙蓮花室、凝暉堂、玉壺冰，以及建福宮花園南邊的中正殿等付之一炬，宮內收藏的無數珍奇異寶也一併被全部燒毀。

　　大火造成的損失無疑是災難性的，被燒毀的各類宮殿建築姑且不論，僅從內務府事後公佈的一筆糊塗賬中就可以看到：焚毀金佛兩千六百六十五尊、字畫一千一百五十七件、古玩四百三十五件、古書幾萬冊；內務府清理火場時撿拾熔化佛像、經版、銅、錫等項共五百零八袋，撿拾金色銅板、殘傷玉器等共四十三項，而其中較為完整的只有四十九件；繼而某金店以五十萬元買下火場灰燼的處理權，從中揀出熔化的金片、金塊多達一萬七千多兩；其後內務府又把剩餘灰燼裝入多條麻袋，分給府內當差者，從中提煉出的黃金竟能鑄就四座直徑和高度均在一尺左右的「壇城」。

　　當年太監偷竊成風，又常與內務府官員互相勾結，盜賣宮中各類珍寶。另據當時進宮救火的多人回憶，剛到火場時都曾聞到一股強烈的煤油氣味。推想可知：火災很可能是太監監守自盜，惟恐清點時露出馬腳，便故意縱火滅證。這也只是推測，終因「查無實據」，這一震驚中外的宮廷大火事件也只能不了了之。時隔不久，養心殿東套院無逸齋的窗戶上又發生火警，幸好發現及時，火勢並未蔓延。接着，宮裡又突發一起太監對總管的行兇事件。一系列疑點團團的變故，最終促使溥儀痛下決心，做出了遣散太監的決定。

　　1923 年 7 月 16 日，溥儀讓載灃找來載濤和內務府大臣紹英、耆齡，正式

宣佈「將宮內太監全部裁撤，立即出宮」的諭旨。其後，溥儀一面命載濤進宮與三位太妃說明原委，一面命紹英、耆齡調集全部護軍，並請京畿衛戍總司令王懷慶派兵協助，強行驅逐太監出宮。當晚，紹英將全體太監召至乾清門內，宣讀溥儀諭旨。太監們聞言，無不驚恐憤慨，號啕大哭。

此次被裁撤的太監總計八百八十一人，遣散費為首領太監每人二百元，其餘每人二十或三十元不等，清室共為此發放五萬零二百元。

太監出宮後，多被暫時安置在地安門內大街雁翅樓內棲身。除北京有家者外，有些住進京城破舊的寺廟，有些回到原籍，還有的則從此浪跡街頭。然而，太監制度並未從根本上被徹底廢除。經過載灃等人再三申明，溥儀勉強同意三位太妃、皇后婉容和淑妃文繡各宮留用一百七十五名太監。直到偽滿洲國垮台，由溥儀使用的太監還有十人左右。

1924 年 11 月，紫禁城又一次天翻地覆，遜帝溥儀被逐出了皇宮。

這年秋天，第二次直奉戰爭爆發，吳佩孚的直軍和張作霖的奉軍在山海關打得正酣之際，吳部馮玉祥突然倒戈與張作霖合作，直軍一敗塗地。接着，馮玉祥班師回京，發表和平通電，軟禁了直系賄選總統曹錕，解散國會，支持黃郛組織攝政內閣，這就是震驚一時的北京政變。馮玉祥的國民軍佔領北京後，紫禁城的守衛隊被國民軍繳械，調出北京城，國民軍接管了他們的營地，神武門換上了國民軍的崗哨。

11 月 5 日上午九時，溥儀和婉容正在儲秀宮邊吃水果邊聊。突然，內務府幾位大臣驚慌失措，跟跟蹌蹌地跑了進來，平常下跪叩頭的禮節全顧不上，紹英手拿一件公文，氣喘吁吁地稟報溥儀「大事不好」——馮玉祥派衛戍司令鹿鍾麟和張璧入宮，還帶來許多軍隊，揚言民國要廢除《清室優待條件》，拿來一份文件，令馬上簽字！

溥儀從座椅上驚起，正咬着的大蘋果滾落在地上。他接過紹英遞來的公文，逐字逐句地看着這份《修正清室優待條件》。

盯着這「最後通牒」式的公文，溥儀正不知如何是好，紹英又補充了一句：「他們說，限三小時之內全部搬出！」溥儀聽後發了瘋似的暴跳起來：「那怎麼

辦？我的財產呢？皇后和淑妃呢？還有太妃呢？」

端康太妃去世不久，宮裡只剩下敬懿和榮惠兩位老太妃了，病病懨懨，怎麼也不肯離開宮裡，揚言「死也要死在宮裡」，頗有與皇宮共存亡的意味。於是，紹英就以這個作為理由推諉，與鹿鍾麟交涉，結果是允許推遲到下午三時搬遷。

時限即將來到，所有王公大臣都想不出甚麼良方妙策，只會大眼瞪小眼，感歎「大清」的徹底衰亡。這時紹英入內，驚慌失措，語無倫次地說：「鹿鍾麟又催啦，他說，再限二十分鐘，不搬走的話，架設在景山上的大炮就要開轟了！」

這消息一下子鎮住了王公大臣們，宮中上下都亂作一團。溥儀的岳父、內務府人臣榮源乾脆跑到御花園找了個躲避炮彈的地方，再也不肯出來。其實，鹿鍾麟只不過帶一支二十人的手槍隊，可他這一恫嚇立即生效。溥儀慌忙間在《修正清室優待條件》上簽了字，交出了「皇帝之寶」和「宣統之寶」印璽。當日下午，按衛戍司令鹿鍾麟的指令，溥儀偕妻婉容、妾文繡以及隨從大臣、太監、宮女等，經由御花園走出順貞門，乘上國民軍的汽車，出神武門，前往醇王府。

在汽車上，鹿鍾麟對溥儀半開玩笑地說：「從此以後，你是願意當平民還是願意當皇帝？」溥儀只得回答：「我接受了你們的條件，當然不再當皇帝了，我願意做一個平民。」就這樣，溥儀來到父親載灃所在的醇親王府裡暫時棲身。而敬懿和榮惠兩位老太妃果然以死相拒，決不肯離開皇宮。溥儀請鹿鍾麟不要操之過急，經過一番勸說，又過了幾天，兩位老太妃才遷出宮禁，住進麒麟碑胡同榮壽固倫公主家。自1911年辛亥革命爆發，溥儀在紫禁城裡又延居了十三年，保有皇帝尊號，過着皇帝生活，直到馮玉祥逼宮，才懷着無可奈何花落去的心情，悲情地永遠告別了這座龍殿鳳閣的紫禁城。溥儀的出宮標誌着遜清小朝廷的結束。

溥儀入住醇王府後，王府裡裡外外都有國民軍把守，壁壘森嚴，他實際上是被軟禁起來，沒有了行動自由。溥儀為自己的生命財產擔憂，那些王公大臣、遺老舊部，更是惶惶不可終日，府裡府外，五花八門地展開「營救」活動。有的

親自跪到旃檀寺馮軍司令部，要求面見馮玉祥，請求他保障溥儀的生命安全，恢復他的自由；有的攜帶厚禮奔赴天津，懇求段祺瑞和張作霖支持「皇上」，恢復《清室優待條件》，讓溥儀早日還宮；還有人遊說於東交民巷外國使館之間，希望他們能出面干涉；甚至有人效法「申包胥哭秦廷」的辦法，向日本公使館請求派軍隊保護溥儀從醇親王府來東交民巷避難⋯⋯溥儀的皇帝尊號雖已被廢除，但在這些人心中他仍是皇帝。他們總希望自己的營救方案能夠啟動，從而排斥他人的主張，勾心鬥角，爭論不休，莫衷一是。

溥儀在醇親王府亂了陣腳。榮源更寢食難安，被嚇破了膽，遂以治病為由，住進了外國人開辦的醫院。膽小怕事的載灃更急得像熱鍋上的螞蟻，左右為難，覺得溥儀現已成了危險人物，留在家裡猶如藏一枚炸彈，不知何時會引發爆炸。如果把溥儀放走，又擔心馮玉祥向他要人，也不好交代。正在進退維谷、一籌莫展的緊急關頭，北京政局風雲莫測，發生了微妙的變化。張作霖、段祺瑞合作，都來到北京，馮玉祥通電辭職，黃郛的攝政內閣很快垮台，段祺瑞走馬出任「執政」。醇親王府的氣氛也跟着改變，大門口的國民軍警衛撤走了，大家先鬆了一口氣。張作霖、段祺瑞都到王府面見「皇帝」，對溥儀表示了不同尋常的熱情。以載灃為首的王公大臣都把生存和振興的希望寄託在這兩個鐵腕人物身上，要求恢復優待條件，讓溥儀回歸紫禁城。然而，這個要求沒有得到段祺瑞政府的確切答覆，只有空頭的同情和安慰，王公們興奮一時的幻想恍然間破滅。

此時，溥儀的三位心腹——莊士敦、鄭孝胥、羅振玉聯合起來，並得到帝師陳寶琛的支持和參與，戰勝了王公們「復號還宮」的想法；他們主張溜出王府，躲進東交民巷外國使館。然而，莊士敦、鄭孝胥、羅振玉都視溥儀為「奇貨可居」，都想壟斷起來，大撈一把，因而各自都進行積極聯繫，暗中又你爭我奪。

1924 年 11 月 29 日，由於鄭孝胥等人的斡旋，溥儀設計脫離醇王府，避入日本駐北京公使館。次日，日本駐華公使芳澤謙吉與段祺瑞達成諒解，公開容留並「保護」溥儀。

清室善後委員會清點清宮物品工作開始後，清室代表始終無一人到場參加清點，民國政府內務部龔總長幾次發函督促，紹英等置若罔聞。

1925年1月6日，龔總長致函紹英等人，並附上清室善後委員會發給清室五名委員的聘書，敦促參與點查。函中說：段祺瑞「執政並盼諸公隨時蒞會，共同查點，以昭慎密」。紹英等竟將聘書退回，聲明「委員會一事，仍候執政籌有辦法，再行遵辦。此時未便蒞會」。

龔總長覆信稱：段執政在應允清室善後委員會點查的同時，已另外擬定「五條查點補充辦法」，於上月24日送交清室善後委員會執行，因此再度送上聘書，要求紹英等五人「希即查收到會」。又說：「諸公洞達事理，諒不致膠執成見，致負執政維護盛心也。」這次，紹英等人索性採取置之不理的態度，連覆信也沒有發，卻以舊曆年關臨近，向清室善後委員會提出「要求取走冬衣及日用品」。清室善後委員會研究後，根據組織條例有關「區分公私」的條款，同意溥儀取走原來留在養心殿後殿即溥儀住處的冬天衣物，但歷史文物、書畫等一件也不許攜帶。於是，1925年1月21、22兩天內，經善後人員點查登記，由清室派人帶車取走大量珍貴皮衣，包括貂袍二百餘件，青狐、玄狐、天馬、海龍一類冬衣約三百件，以及大量首飾、單夾小衣等。又過了十多天，清查終於開始，報紙上也出現了按號公佈的《清室善後委員會點查清宮物品報告》。

1月24日是大年初一，北京的報紙上竟登出消息，聲言清遜帝從清宮取出寶貝若干，典當了十萬元，這才度過年關。而事實上，大年初一這一天，匿居日本使館的溥儀正在一座二層樓上升座，接受在京前清王公大臣及遺老們的「請安」和「朝賀」。他們正分班向遜帝行三拜九叩大禮。在排班叩頭的遺老中，金梁忍不住痛哭失聲。更有東三省名流五十三人由世榮（字仁甫）領銜，聯合致電張作霖和段祺瑞，要求「恢復原有優待皇室條件以昭大信而服中外之人心」。

溥儀還收到大批遺老奏折，「敬陳」關於前程之「管見」：前清直隸州知州張琨建議出洋「避禍」，但不可「以彼為道義之門、治平之範」；還有人建議發表宣言，昭示天下為公，然後「復我自由即謀出洋遊學」；金梁則以孫中山來京

將有時局變故為由，奏請溥儀先行「密赴天津」，再謀出洋之策。溥儀採納了這一建議，並致函日本攝政皇太子裕仁，明確表示要「辭謝優待經費、遊歷世界各邦」，「決欲以私人資格早日東渡」，擬於「舊曆歲首啟行」。遺老羅振玉、萬繩栻與日人狩野、後藤、芳澤謙吉等也積極展開活動，安排溥儀東渡日本事宜。

平日，匿居在日本公使館的溥儀也沒有忘記昔日皇家的生活，還在門上貼著「軍機處」「南書房」一類小牌。舊曆正月十三日（2月5日），溥儀過二十歲整壽，再次於使館禮堂接受近支王公、舊臣遺老的「朝賀」，並在來自全國的五百餘名祝壽者面前發表即席演說，痛斥「逼宮」為「野蠻舉動」，表示「決不能假借外人勢力干涉中國內政」。其間，溥儀賞給芳澤謙吉古玩、鑽戒、金表等重禮，婉容對芳澤夫人亦有贈送。

2月22日，遺老陳伯陶奏請東渡並在日本安設行館，再遊歐美，以圖「中興」大計。溥儀表示採擇，恩賞帶貂褂一件。

建福宮區火場景象

建福宮花園火場景象

▲ 建福宮區火災後，人們在清理現場
▼ 建福宮花園火場

1924 年，被溥儀遣散的太監們在步軍統領衙門前集會抗議

▲ 宮中婆媽在隆宗
　門外收拾箱籠
▼ 宮中女僕出內右
　門

◀ 溥儀出宮後，載敬懿太妃（瑜妃）和榮惠太妃（珣妃）出宮的汽車

▶ 溥儀出宮後，敬懿太妃乘汽車出神武門

▲ 溥儀出宮後，敬懿和榮
惠二太妃箱件出神武門
▼ 溥儀出宮後，僕役們將
敬懿和榮惠二太妃箱籠
運出神武門

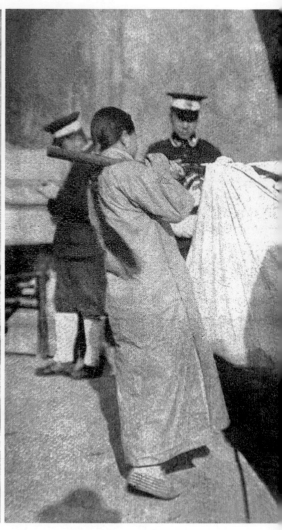

◀ 神武門內檢查出宮太監行李
▶ 神武門內宮女出宮情景

▲ 宮內女子出神武門受檢查情景

▼ 神武門前宮女出宮情景

溥儀出宮後，鹿鍾麟由清室代表紹英陪同查看永壽宮

▲ 溥儀出宮後，軍警分組
　出發查封宮殿
▼ 溥儀出宮後，軍警查封
　乾清宮

溥儀出宮時養心殿後殿（溥儀寢宮）原狀

婉容出宮時儲秀宮南窗炕床原狀

婉容出宮時，儲秀宮南窗炕東几上的餅乾匣及殘餘的半枚蘋果

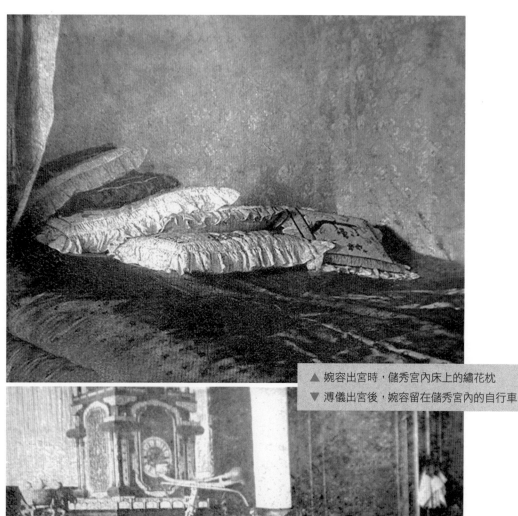

▲ 婉容出宮時，儲秀宮內床上的繡花枕
▼ 溥儀出宮後，婉容留在儲秀宮內的自行車

1924 年 11 月 5 日至 28 日，溥儀住入醇親王府。圖為溥儀出宮後與父親載灃、溥傑、溥任在醇親王府花園

溥儀與載灃、溥傑在醇親王府花園

出宮後的溥儀

出宮後的溥儀

出宮後的溥儀

出宮後的溥儀

▲ 1924 年 11 月 29 日，溥儀移居北京東交民巷日本駐華公使館後留影。左起：陳寶琛、竹本大佐夫人、溥儀二妹韞龢、溥儀、日本駐北京兵營竹本大佐、溥儀三妹韞穎及陳寶琛之子陳驤業

▼ 溥儀等人與日本駐北京公使館官員合影

▲ 1924 年 12 月，婉容（前排右二）與外祖母（前排左一）、繼母恆馨（後排右二）、文繡（前排右四）
及日本駐華公使芳澤謙吉之女（前排右一）等在日本駐北京公使館庭院內
▼ 1925 年 2 月，溥儀和二弟溥傑在日本駐北京公使館內與日本兵營竹本大佐等合影

▲ 溥儀與日本駐北京公使館人員等合影。左起：鄭孝胥、吉田忠太郎、劉驤業、陳寶琛、
渡某（日本人）、小泉六一、溥儀、吉剛顯作、恆煦、載灃、溥佶
▼ 出宮後的溥儀夫婦在日本駐北京公使館

▲ 袁世凱（1859—1916）
▼ 張作霖（1875—1928）

▲ 鹿鍾麟（1884—1966）
▼ 馮玉祥（1882—1948）

津門行在

民國十四年舊曆二月初二（1925 年 2 月 24 日），即「龍抬頭」日，由日本駐北京公使館人員秘密安排，溥儀喬裝潛往天津，隨即住進事先安排的日租界張園，設立「行在」，這一住就是五年；之後，他又遷往日租界靜園住了兩年。

　　據與日本人暗中策劃此事的羅振玉在《雪堂日記》中透露，溥儀此次出走天津，係由羅振玉及其子羅福葆、日本駐北京公使館官員池田政次陪同，夜間在北京前門火車站上車。到津後，日本駐天津總領事將其自車站迎進大和旅館。次日，池田政次返回北京，又攜妻同行，陪伴溥儀妻婉容及妾文繡搭乘火車，當晚就回到了天津。

　　據《雪堂日記》載，溥儀原擬到津後即赴日本留學，船票也已由池田政次買妥。他還派員赴日，先後商借西園寺公望的私邸清風莊和山縣有朋公爵的私邸夢林拕庵，均不成。又經京都帝國大學教授狩野、矢野西博士斡旋，亦未獲日本當局認可。1925 年 3 月，日本外相幣原在上院宣稱，如果溥儀來日，固當鄭重禮遇，「但按接待帝王辦法殊感困難」。溥儀東渡遇難。載灃特遣載洵和載濤赴津勸阻溥儀東渡，以斷謠傳。段祺瑞執政回答電通社記者問時說，對溥儀以個人資格赴日、遊歷歐美或久留日本，均不加束縛。載灃致信溥儀，阻他東渡並勸其注意安全，勿出租界。隨後，載灃和榮源又親赴天津，會見溥儀後還拜會了日本駐津領事及駐屯軍司令，目的仍為勸阻溥儀東渡。在張園「御前會議」上，討論東渡問題意見分歧，溥儀仍傾向赴日，載灃則堅決反對。同日，章太炎電請國會非常議員提議「查究溥儀出洋之事」。當此之際，更多的遺老舊臣紛紛出面阻諫，如陳寶琛、胡嗣瑗等認為，只有溥儀留在天津，他們才能繼續與民國政府方面的杜錫珪、鄭寶菁、王懷慶、張其鍠等談判《清室優待條件》

恢復即「復號還宮」和「清室善後委員會」撤銷的問題，也才能留住各自的一份利益。溥儀不得已而放棄前往日本留學的計劃。據一份推薦陳毅和鐵良的奏稿殘頁透露，溥儀取消東渡計劃與前清郵傳侍郎陳毅的忠諫就很有關係，溥儀因此決定在天津宮島街張園長期住了下來。

溥儀在天津的住所是公開的，他在住處門前掛出「清室駐津辦事處」的牌子，被效忠於前清的舊臣們稱之為「行在」——皇帝時代的臨時行宮。在這個「行在」內，不用公曆，也不是民國多少年，繼續使用「宣統年號」。

3月8日，溥儀傳諭，即日成立行在辦事處，著鄭孝胥、胡嗣瑗等人任事、備顧問。下設四處：「總務處著鄭孝胥、胡嗣瑗管理，收支處著景方昶管理，交涉處著劉驤業管理，庶務處著佟濟煦管理。」溥儀批准並頒佈了《駐津辦事處簡章》。

4月17日，溥儀傳諭，將原清室內務府改設為清室辦事處，辦公地在北京景山西門路北三號，派載潤佩戴印鑰，派朱益藩、寶熙管理留京辦事處事宜，並經段祺瑞批准啟用「清室辦事處之關防」印章。

在這裡，溥儀委任了一大堆「顧問」，設置了各種辦事機構，諸如總務處、庶務處、收支處、交涉處等等。他還經常頒佈「諭旨」，給他喜歡的遺老誥封官職；對於忠心清朝的逝者頒佈諡號；他不斷接見中外賓客，國內政治要人如張作霖、吳佩孚等向他俯首稱臣，外國人也恭恭敬敬地稱他為「皇帝陛下」。他十分得意，儼然以皇帝自居。張園、靜園，這天津雙園之內，竟像北京紫禁城一樣，仍先後活動着一個小朝廷。

溥儀在天津張園住了一段時間以後，發現這裡居然比紫禁城舒服得多。在天津，他不受紫禁城的清規戒律，卻保留着皇上的一部分威嚴。這裡到處洋溢着西洋文明的舒適與誘惑，還給了他夢寐以求的自由。抽水馬桶和暖氣在養心殿裡是沒有的；傢具是英國的，鋼琴是意大利的，大鐘是瑞士的，地毯是法式的，還有當時最時髦的高級立式收音機；衣著除了長袍馬褂外，西裝、夾克、軍服、獵裝、燕尾服、各式運動服無所不有，且多為名牌；白金、鑽石、翡翠等高檔戒指不計其數。正如溥儀自己所說：「為了把我自己打扮得像個西洋人，

我盡量利用惠羅公司、隆茂洋行等外國商店裡的衣飾、鑽石，把自己裝點成《老爺雜誌》上的外國貴族模樣。我每逢外出，穿着最講究的英國料子西服，領帶上插着鑽石別針，袖上是鑽石袖扣，手指戴鑽石戒指，手提文明棍，戴着德國蔡司廠出品的眼鏡，渾身發着密絲佛陀、古龍香水和樟腦精的混合氣味，身邊還跟着兩條或三條德國獵犬和奇裝異服的一妻一妾……」

　　婉容住入張園以後，沒有了紫禁城高牆的束縛，遠離了宮中枯燥、寂寞的生活，內心也非常高興。大都市富人的自在和享受，給婉容帶來追求現代化生活無盡的樂趣。她出入各種娛樂場所，吃西餐、看京劇、打網球，她燙髮、身著旗袍和穿高跟皮鞋，與文繡競相購置高檔奢侈品，成為現代都市的時髦女性。溥儀回憶：「婉容本是一位天津大小姐，花錢買廢物的門道比我多。她買了甚麼東西，文繡也一定要。我給文繡買了，婉容一定又要買，而且化的錢更多，好像不如此不足以顯示皇后的身份。」

　　然而，物質生活的滿足並未消除婉容精神上的空虛和寂寞。不正常的夫妻關係讓她陷入深深的痛苦，而與文繡的爭風吃醋又讓她無限煩惱。爭寵好勝、盛氣凌人的婉容處處壓制文繡，對文繡百般刁難。

　　生活西化的經濟代價是十分高昂的，有時也會使張園的經費陷入拮据，甚至難以按期發放雜役們的薪水。於是，溥儀採取現代理財手段，將一部分財物變現，存入外國銀行生息；一部分轉為房產，按月收取租金。

　　為了聯絡列強有助於復辟大清，也為了出國留學東山再起，溥儀與天津租界的日、英、法、意、美等國的領事或駐軍司令官交往密切，經常出席一些宴會、晚會、婚禮、體育比賽、閱兵典禮等社交活動，出入於西方人聚集的社交場所，有時還在家中設宴招待洋朋友。一時間，他成了天津的風雲人物。

　　從紫禁城到天津衛，接受西方浪漫思想，喜歡西方生活方式，使用西方生活用品，溥儀走過了一個從邁出宮門到步入社會、從耳濡目染到發展變化、從心嚮往之到身體力行、從盲目追求到自主抉擇的歷練過程。他已度弱冠之年，且有了一后一妃，一心恢復「祖業」，讓「大清中興」，沉醉在「重登金鑾殿」的迷夢之中，日夜為復辟大清王朝而操心。只要有人在他面前提及「復辟」二字，

溥儀馬上就來情緒，給予無數「賞賜」。他的大量金錢，都花在了會說「復辟」二字的各方人物身上。

溥儀竭力結好列強，為了日後的「復國」，他特別看重洋人、洋槍、洋炮，也即外國的力量。在津期間，他接見、招待過很多外國賓客，如加拿大總督威靈頓伉儷，美、法等國駐天津軍隊司令官，來訪的英國王子等。而會見最頻繁的還是日本軍政要人，如「對華大家」川島浪速，駐防天津軍司令官高田豐樹，陸軍政務次官竹內友治、岡村寧次，眾議院議員柵瀨軍之佐，參與製造九一八事變的著名特務土肥原賢二，日本駐屯軍參謀吉岡安直等人。與此同時，溥儀也派鄭孝胥前往日本為復辟奔走，先後遊說過近衛文麿、平沼騏一郎、南次郎和吉田茂等人。民國十七年（1928 年）11 月 10 日，日本天皇裕仁舉行正式登基大典時，他特意致書祝賀。此外，溥儀還曾聘用奧地利落魄貴族阿克第男爵為顧問，撥付經費資助白俄逃亡將軍謝米諾夫。連英國流氓文人羅斯之流，他也很願意接洽，以致被騙走大量財物。此類對外聯絡，也都是溥儀「復國」計劃的一部分，他也由此而成了天津上流社會交際場合的頭面人物。

1929 年 7 月 9 日，溥儀從張園移居到仍在日租界協昌里的原陸宗輿公館「乾園」，他特意將其改稱為靜園；此「靜」非安靜之靜，而是暗寓「靜觀變化，靜待時機」之意。

1931 年 3 月 21 日，溥儀「靜待」的時機終於到來。這天，他接見了日本駐天津領事館新任桑島總領事、田尻領事和後藤副領事。溥傑和潤麒自 1929 年 3 月赴日留學，曾幾次回到天津度假，這次回來很不一般，也被溥儀連續接見多日，遠山猛雄一同出席；溥儀接見由後藤副領事陪同而來的水野鍊太郎、守屋榮夫、橫山助成等日本重要人士；距上次回國度假還不到四個月，在鹿兒島吉岡家中受到最殷勤款待的溥傑和潤麒再度返津度假，實際是為傳回日本軍方的一個特別重要且事關重大的訊息：「你們回到天津可以告訴令兄：現在張學良鬧得很不像話，『滿洲』在最近也許就要發生點甚麼事情……請宣統皇帝多多保重，他不是沒有希望的！」這正是「九一八」事變的先聲；另一位神秘的日本華族水野勝邦子爵來見並贈送溥儀扇面，上寫：「天莫空勾踐，時非無范蠡。」其

陰謀已現。這裡有一段日本歷史故事：在南北朝內亂時代，受鐮倉幕府控制而身處厄運的後醍醐天皇，又因「倒幕」失敗被流放。就在他仰天長歎恨無忠臣的倒霉時刻，忽然看到一株櫻樹樹幹上刻着扇面上那兩句詩。經人點化，他才相信仍有忠於天皇的武士供其驅遣，遂重新組織力量，終於推翻幕府，開創了「建武中興」的政治局面。這也正是水野子爵晉謁溥儀並贈呈扇面的政治含義，其中預示着「宣統中興」的訊息。9 月 1 日，溥儀接見意大利國司令天津駐軍司令官瑪丁內葛和柯陸。此時，在國際上德、日、意法西斯聯盟已趨形成。

1931 年 9 月 18 日，日本人在瀋陽近郊製造「九一八」事變，這是日本大規模武裝侵略中國東北的開端，是日本意欲滅亡中國的極其重要的第一步。隨即，日本進佔了東北大部地區。

9 月下旬，溥儀派劉驤業前往東北會見滿鐵總裁內田康哉和關東軍司令官本莊繁；派佟濟煦聯絡東北遺老；派商衍瀛遊說東北將領。商衍瀛，廣東駐防旗人，晚清翰林；從「小朝廷」時代開始，作為股肱之臣長期追隨溥儀。他與奉系將領頗有聯繫，又係東北卐字會名人，在策劃溥儀出關問題上起了一定作用。

溥儀前往海光寺日本兵營會見上角利一。上角受命於日本關東軍司令部參謀板垣征四郎，與羅振玉同來，力勸溥儀出關。

10 月，溥儀派遣曾任溥傑和潤麒「家庭日語教師」的遠山猛雄，攜帶御筆黃絹信赴日會見日本陸相南次郎和日本黑龍會首領、大國民議會議長頭山滿，打探日方虛實，請他們協助完成復辟大清的事業，準備與日本進一步合作。

溥儀再度接見日本駐天津領事館桑島總領事和後藤副領事。此際，他們還能談甚麼可想而知。當然，他也關注西方動態，曾接見美國提督海因斯和美國司令官太羅爾。忙於政事之間，溥儀也要盡快了結家庭內部的麻煩事。10 月 22 日，溥儀與文繡在離婚的調解協議上簽字，溥儀發出「諭旨」，撤銷文繡的原封位號，將其貶為「庶人」。

11 月 2 日，日本駐瀋陽特務機關長土肥原賢二由吉田通譯官陪同來到靜園，與溥儀密談；在土肥原的誘騙之下，溥儀決定出關。同時，他拒絕了蔣介

石以恢復優待清室條件為前提的挽留。

溥儀在「天津事變」的煙幕下，偷渡白河，秘密離津。令人遺憾的是，復辟大清的夢想，連同出國留學、依靠列強、聯絡軍閥等復辟策略，都被他邁上「淡路丸」號那隻腳踏得粉碎。溥儀在營口登岸，下榻於湯崗子對翠閣旅館。隨後移居旅順，先被隔離在大和旅館，數日後移居肅親王府，行動完全被日方控制。

11月28日，婉容被肅親王第十四女川島芳子騙說離津，乘「長山丸」由水路抵大連，臨時居於清朝遺臣王季烈家中，直到12月9日才獲准赴旅順與溥儀共度了一個「良宵」。

1931年仲冬，溥儀在旅順親書「明志」的御筆：「誠敬為本，無人我之見，為而不恃。功成而不居，榮辱不驚，生死不易，志存樞物，不使一夫失所。」御筆旁鈐有「宣統御筆」印、「滹沱麥飯」章，借用劉秀在滹沱河吃麥飯的歷史故事，表示自己要在困境中完成「中興聖業」。這也是他當年對七年天津生活和思考的總結，是他選擇了離津出關最根本的主觀因素。溥儀在天津七年的政治生活和人際交往也就此結束了。

位於天津日租界宮島街的張園。自 1925 年 2 月 25
日至 1929 年 7 月 9 日，溥儀在這裡居住了四年多

天津張園外花園

天津張園內景

天津張園內景

西裝、禮帽加「二餅」，溥儀在天津日租界宮島街張園

溥儀西服半身像

溥儀西服全身像

▲ 溥儀西服坐像
▼ 溥儀在吸煙休閒

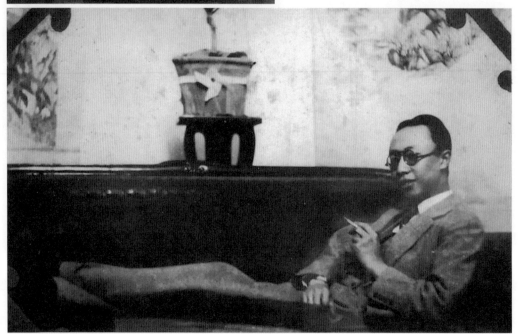

▲ 溥儀與父親載灃

▼ 溥儀與載灃及弟妹們在張園

◀ 溥儀側坐於文明棍上
▶ 入住天津張園後，溥儀和婉容郊遊的場景

◀ 溥儀在撰文
▶ 當年的宣統皇帝已然變成戴禮帽、著西裝的時髦先生

◀ 腳穿白帆布鞋，一身休閒裝的溥儀在張園室內掐腰立身照

▶ 溥儀與婉容在張園

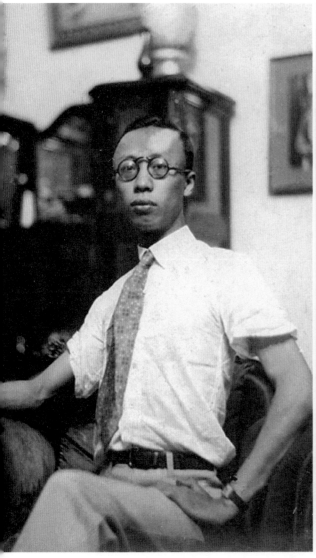

◀ 張園客廳中身穿短袖襯衫的溥儀
▶ 打領結、穿皮靴的溥儀

▲ 溥儀與載灃及弟妹們在張園。右起：溥儀四妹韞嫻、二妹韞龢、父親載灃、四弟溥任、溥儀、三妹韞穎、五妹韞馨

▼ 溥儀與溥傑（左）、毓崇（右）在張園

溥儀（中坐者）與弟妹們在張園。後排左起：二妹韞龢、二弟溥傑、三妹韞穎；前排左起：六妹韞娛、四妹韞嫻、四弟溥任、五妹韞馨、七妹韞歡

▲ 溥儀與他的愛犬攝於天津張園
▼ 溥儀與弟妹們在張園

▲ 溥儀在張園。前排右起：婉容、榮源、溥儀、鐵良和榮源夫人；後排
右起：鄭孝胥、陳寶琛、劉驤英和日本駐津領事館翻譯官吉田忠太郎
▼ 溥儀與婉容在張園會見加拿大總督威靈頓（左一）及其夫人。右立者
為莊士敦

溥儀、婉容夫婦宴請美國司令官康諾爾等人

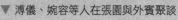

▲ 溥儀與婉容在張園接待加拿大總督
威靈頓及夫人，莊士敦（左一）陪見
▼ 溥儀、婉容等人在張園與外賓聚談

溥儀讀書像

▲ 溥儀與韞龢（左一）、韞穎
（左三）、溥傑（左四）
▼ 溥儀與韞龢（左一）、韞穎
（左二）、溥傑（左四）

溥儀等人在張園

▲ 載灃與族人在天津。左起：潤麒、溥儀、載灃、榮源、溥傑

▼ 1928年冬春之際，住在天津英租界戈登里時的載灃全家。前排右起：韞娛、載灃、韞歡，
後排右起：韞馨、韞穎、溥傑、韞龢、韞嫻、溥任

載灃與子女們合影。後排右起：溥任、韞娴、韞
龢、韞穎、韞馨、韞歡；前排右起：載灃、韞娛

張園時的溥儀

天津時期的溥儀與婉容

溥儀在天津張園留影

溥儀在張園坐像

◀ 張園時期溥儀喜歡將自己打扮成西方貴族紳士模樣，且與隨從並肩擺拍
▶ 馬背上的溥儀

溥儀在張園立像

溥儀、韞龢（右三）、韞穎（右四）與球伴在高爾夫球場

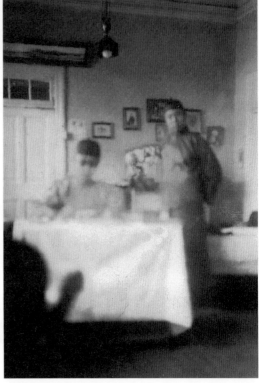

▲ 溥儀在雪中的張園
▼ 溥儀伏案，男侍在身後照料

◀ 溥儀與鄭孝胥在天津
▶ 溥儀與鄭孝胥長子鄭垂（左）

1926年3月3日，莊士敦到天津看望溥儀

◀ 溥儀與莊士敦在天津
▶ 溥儀與莊士敦等人在天津

溥儀與婉容等人在張園接待來賓

溥儀、婉容與外國來賓合影

溥儀與鄭孝胥（左一）在張園會見英國國王喬治五世的第三子（右一）

「萬壽聖節」典禮後，溥儀與中外來賓合影

1927年2月14日（舊曆正月十三日），溥儀與各地前
來祝壽的遺老遺少們在張園所拍的「萬壽聖節大合影」

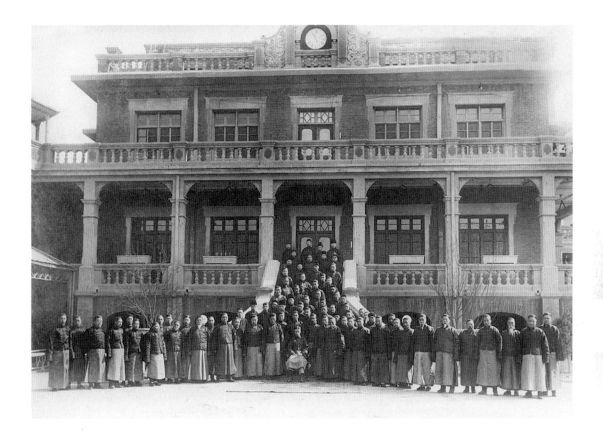

溥儀與遺老們在張園合影

溥儀等人在張園合影

溥儀等人在張園合影

▲ 溥儀與婉容、溥傑（前排左一）等人在張園接待來賓
▼ 溥儀與婉容、溥傑（前排右一）等人在張園接待來賓

溥儀在張園與來訪的日本軍官合影

溥儀身著軍服攝於張園

溥儀西裝半身像

溥儀西裝全身坐像

溥儀在靜園

溥儀在靜園

閒暇時的溥儀與溥傑嬉鬧

▲ 溥儀與溥傑（左二）、韞龢（左一）、韞穎（左四）

▼ 溥儀在靜園

溥儀與溥傑

溥儀與婉容

婉容攝於天津

溥儀、婉容與韞龢（右三，溥儀、婉容身後）、韞穎（右一）

溥儀與同父、同母胞妹韞龢、韞穎（右）

天津時期的溥儀

天津時期的溥儀夫婦

天津時期的溥儀夫婦

天津時期的溥儀夫婦

◀ 著便裝的婉容
▶ 婉容在張園書房

◀ 婉容洋裝像
▶ 抽煙時的婉容與溥儀

◀ 文繡旗袍像
▶ 文繡攝於天津

溥儀在靜園

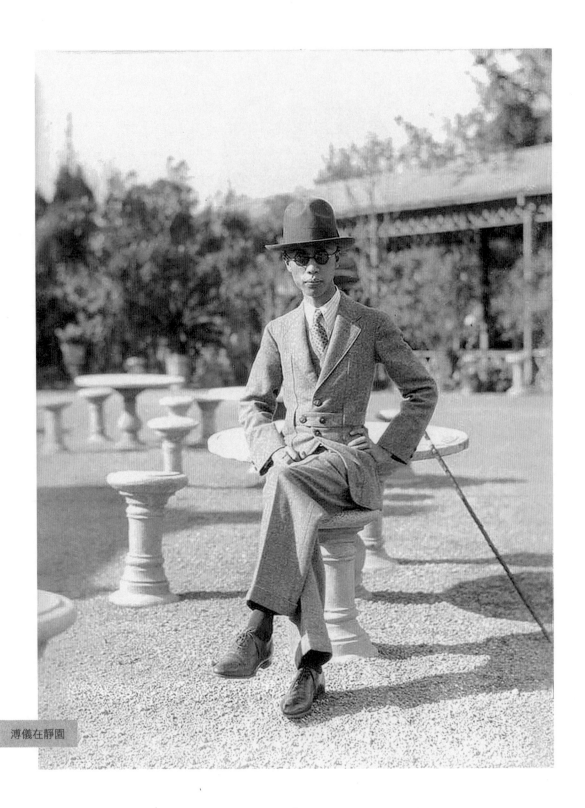

溥儀在靜園

溥儀在靜園

溥儀與溥傑

◀ 運動中的溥儀
▶ 溥儀在打網球

溥儀在打網球

溥儀在打網球

溥儀在靜園打高爾夫球

溥儀在靜園打高爾夫球

◀ 溥儀與婉容在天津靜園花樹下
▶ 溥儀、婉容等人在靜園玩蹺蹺板

溥儀在靜園

溥儀在靜園遛狗

▲ 溥儀、鄭垂（右一）在靜
園會見天津租界駐軍新
任、離任司令

▼ 溥儀與前來天津看望他
的莊士敦合影，左立者
為鄭孝胥

1930 年秋冬之際，溥儀（居中、戴眼鏡）、婉容（右五）、載灃（左四）、恆馨（右四）、韞龢（右二）、韞穎（右三）、韞嫻（左二）、韞馨（右一）、韞歡（前排右）、溥任（前排中）、韞娛（前排左）與兩位族屬男士（左一、左三）合影於靜園

溥儀與族屬中的男士合影，左三為載濤，右二為溥傑

溥儀和婉容在靜園

婉容與來訪女賓合影

婉容在靜園會客廳內會見女賓。屏後已顯露內含深意的大幅
對聯「靜坐觀眾妙，端居味天和」（清朝遺老袁大化進奉）

▲ 婉容與日本女子合影
▼ 婉容會見原在紫禁城為自己
　　當過英文侍讀的瀛女士（左）

婉容攝於天津

婉容（中）與韞龢（右）韞穎（左）攝於天津

婉容與潤麒在靜園

▲ 溥儀、婉容、溥傑、潤麒在靜園
▼ 溥儀、溥傑、韞龢、韞穎在靜園

溥儀（前排中）、鄭孝胥（中排左二）、鄭凱（前排右一）等與網球愛好者在靜園

溥儀與遺老們在靜園合影

溥儀與遺老們及日本駐屯軍司令官等在靜園合影

溥儀（前排身著馬褂者）出席英軍閱兵典禮後與日本軍官交談

溥儀出席英軍閱兵典禮，和他握手的是駐津英軍司
令官希斯，右立者為駐津日軍司令官高田豐樹

▲ 1929 年 3 月，溥儀派溥傑（左）與潤麒（右）到日本學習軍事，為其復辟做準備

▼ 1929 年 3 月，溥儀為溥傑、潤麒赴日留學送行

◀ 溥儀在張園會見日本駐津軍司令官小泉六一，
時在日本大正天皇去世後不久
▶ 日本駐津軍司令官小泉六一拜訪溥儀夫婦

溥儀與芳澤謙吉、林出賢次郎合影

▲ 溥儀會見某國軍官

▼ 溥儀（中）、察存耆（左一）在靜園
　會見德國客人

溥儀與日本官員合影

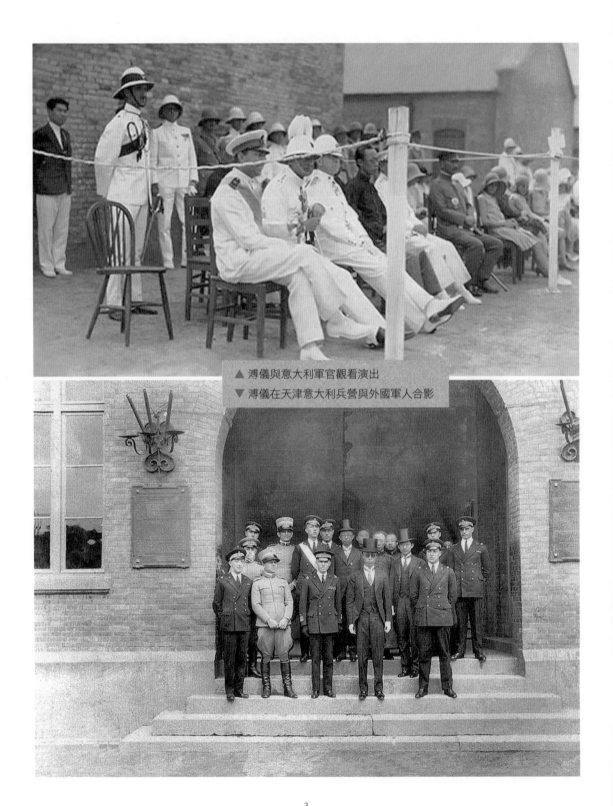

▲ 溥儀與意大利軍官觀看演出
▼ 溥儀在天津意大利兵營與外國軍人合影

溥儀前往天津意大利兵營參觀

溥儀在溥儀在天津港日本炮艦駕駛室內（自左向右第二人）

偽滿皇宮

1932 年 2 月 16 日，由日本關東軍司令官本莊繁操控的所謂「東北行政委員會」在瀋陽召開「建國會議」，張景惠（代表哈爾濱特別區）、臧式毅（代表奉天省）、熙洽（代表吉林省）和馬占山（代表黑龍江省）等「東北四巨頭」及趙欣伯出席，決定在東北建立「共和制新國家」。溥儀派鄭孝胥、羅振玉參加瀋陽「建國會議」，指令他們要堅持「復位」理由；但鄭孝胥並未遵照「指令」，反而向關東軍參謀板垣征四郎保證「皇上的事兒我全可以包下來」，「皇上如同一張白紙，你們軍部怎麼畫都行」。

　　2 月 23 日，板垣征四郎正式提出：即將在東北成立的「新國家」可以定名為「滿洲國」，由溥儀出任國家元首，稱為「執政」，然而溥儀堅持要當皇帝，不同意就任「執政」。雙方爭論不止。板垣征四郎以「軍部要求再不能有所更改，否則只能被看作是敵對態度，只有用對待敵人的手段做答覆」一語發出最後通牒，溥儀則以「暫定一年為期，如逾期仍不實行帝制，即行退位」為條件同意出任偽滿執政。2 月底，「全滿洲會議」決議，宣佈「東北獨立」。3 月 8 日，溥儀攜婉容等抵達已經掛起偽滿五色旗的長春車站，受到日本人和偽滿新貴的「整列相迎」。

　　3 月 9 日，溥儀出席在原長春市政公署大禮堂舉行的「滿洲國建國國式」，就任偽滿執政，年號大同；把長春定為「國都」，改稱「新京」。同日頒發「執政宣言」和「執政答詞」。溥儀親筆簽署致書日本關東軍司令官本莊繁的密函，將偽滿的國防、治安、交通和官吏任免等權力一概委諸日人，並把這些賣國條件作為今後「兩國締結正式條約」的「根本」。當天下午，溥儀在執政辦公室中簽署了由日本關東軍司令官推薦的鄭孝胥出任內閣總理及其他高官的「任命狀」，

新政府的傀儡運作就此開始。

1932 年 4 月 3 日，溥儀將「執政府」由臨時安置的原吉長道尹衙門遷入修繕一新的原吉黑権運局的幾棟樓房內，這便是後來被稱作偽滿皇宮的地方。他在這裡一直住到 1945 年 8 月 11 日逃往通化之前。

溥儀出任「執政」後，頗有一番振作氣象，他「改掉」了以往懶惰輕浮的習性，發誓勤勞工作。他把自己的起居之所定名為「緝熙樓」，意在「清明、緝熙、敬上」。又依祖訓「敬天法祖，勤政愛民」，而將辦公處取名為「勤民樓」。他真正「宵衣旰食」地工作了。可是不久，他就發現「滿洲國」是空架子，根本無公可辦，一切事務均由日本關東軍策劃決定，一切大權都操縱在關東軍司令官手裡，而他只是一個十足的傀儡執政而已。

1932 年 5 月，溥儀在偽滿執政府內會見李頓為首的國聯調查團，說明建立新國家的「意義」，以及「王道政治」的精神。其實，他很想一吐「傀儡執政」的苦悶為快；然而，日本監督者、偽滿國務院總務廳長官駒井德三就站在溥儀身邊，以致他無法從容應對！就在此時，婉容做了一件大膽的事——她派人潛赴大連，要求國聯代表團中的中國政府代表顧維鈞幫助她逃出長春。顧維鈞對婉容的舉措很是感動，可他也處在日本人的嚴密監視中，無能為力。

6 月 1 日，溥儀在「執政府」正門前檢閱了他的衛隊——由熙洽組建的翊衛軍約二百人，以及張海鵬組建的衛隊騎兵等二百六十人。這是溥儀第一次非正式檢閱當時作為「私人武裝」的衛隊，也稱「護軍」。他妄想能背着日本人暗中組建軍隊，以此找回實權，但這只能是夢囈而已。

9 月 15 日，溥儀出席在偽執政府舉行的《日「滿」議定書》簽字儀式，該約規定將「滿洲國」的鐵路、港灣、水路、航空路的管理權，以及鐵路的築造管理權等，全部委諸日方。日本將在偽滿駐軍，以保護其安全。溥儀不得不在這份徹底的賣國協定上簽字。簽字後，他舉行午餐會招待武藤信義，並發表了演說詞。同日，武藤信義以「首任駐滿大使」身份向溥儀遞交了國書。

1933 年，溥儀為進一步地表示效忠日本，在東北公佈了《「滿洲國」經濟建設綱要》，實行生產全面統制；又為慶賀日軍攻佔熱河全境，在長春大擺慶功

宴。他還派出第一批「將校學生」到日本受訓，以示與日本關係的親密。

這年夏天，日本為回報溥儀的忠誠，通知他軍部已同意偽滿實行帝制，讓溥儀再做皇帝。表面上，日本是在滿足溥儀的虛榮心；事實上，日本加強了溥儀的傀儡化，令其更為順從。

1934 年 3 月 1 日，偽滿由「執政制」改為「帝制」，「滿洲國」改稱「滿洲帝國」，溥儀的名義則由「執政」改稱「皇帝」，年號也改「大同」為「康德」。是日上午，溥儀先到長春郊外杏花村用黃土堆成的「天壇」，按祭天古禮程序，舉行郊祭典禮。中午，溥儀又換上日本人指定的大元帥軍裝，在勤民樓舉行「登極」禮。偽國務總理大臣鄭孝胥以下特任、簡任諸官員和地方代表，日本方面菱刈隆以下諸位官員參加了典禮。溥儀宣讀《即位詔書》並昭告改元；頒佈《恩赦詔書》，以示「愛民」，又傳下「聖旨」，策劃進行各項慈善事業。同日，欽派敕使赴奉天北陵祭祖。偽外交部大臣謝介石就溥儀登極發表對外聲明書，宣稱溥儀「奉天承運，新創『滿洲帝國』，而為第一代之皇帝，與清國之復辟迥然不同」。遂致電除日本外七十一國外務大臣，以圖外交承認。

年僅二十九歲的溥儀已三即帝位，這在古今中外都是少見的。他仍像當「執政」一樣，絲毫沒有治理國家的實權。

6 月 6 日下午六時，日本天皇御弟秩父宮雍仁一行抵「新京」車站，溥儀親臨站台迎接。次日上午，秩父宮御名代進宮覲見「皇帝陛下」和「皇后陛下」。對婉容來說，這是她在偽滿政界空前絕後的正式露面。那天，她戴上了有十三隻鳳凰的鳳冠，穿上了閒置多年的宮裝錦袍，裝點了價值連城的珠寶飾物。在鄭孝胥、宇佐美勝夫、沈瑞麟、謝介石、菱刈隆等人侍立下，秩父宮先致「懇篤之敬禮」，繼而捧呈日本天皇的「親書」，並向溥儀贈進「大勳位菊花大綬章」，向婉容贈進「勳一等寶冠章」。

日本方面這時更需要溥儀的「忠心」，某些消息就有意散播出來。7 月 27 日，《新京日日新聞》傳出：「康德皇帝」為了表示對日本皇室的敬意，已決定於明年陽春四月訪日，這是由東京國通社非正式公佈的。8 月 9 日東京國通社報道了日本宮內省遠藤廳長非正式透露的消息：「康德皇帝」將在明年 4 月訪問東

京皇室，日本擬以最高禮儀迎接，派遣軍艦到大連迎接，從下關乘特別快車到東京，下榻於赤阪離宮，天皇親自出迎。

溥儀要復辟清朝的心思最重，還是要把「康德皇帝」與「聖朝祖先」聯繫起來。10 月下旬，溥儀「巡幸」奉天（瀋陽）市；19 日，來到瀋陽東陵，祭奠先祖努爾哈赤；20 日，臨幸奉天省公署，又到瀋陽故宮側近的太廟祭拜列祖列宗，繼往瀋陽北陵祭奠皇太極；24 日，「巡幸」吉林市，登小白山，遙拜祖宗發祥之地——長白山。

1935 年 4 月 6 日至 24 日，溥儀以「謝恩」為緣由首次訪問日本，回到「新京」，即發佈《回鑾訓民詔書》，以示效忠；1940 年 6 月 22 日至 7 月 10 日，溥儀又以「迎神」為目的，迎回日本天照大神，並在偽滿皇宮同德殿前修個「建國神廟」，用以供奉；還發佈了《國本奠定詔書》。

溥儀連過生日都離不開建國神廟。1941 年 2 月 8 日是溥儀三十六歲生日，也是他第一次在偽滿帝宮建國神廟內舉行「萬壽祭典」的生日，祭拜天照大神，這位「康德皇帝」內心深感羞辱。3 月 1 日是偽滿「建國節」，這位「康德皇帝」再度率張景惠等高官親臨建國神廟祭拜，祈念「邦基益固，民眾福祉」，此之謂「建國節祭」，他的內心再度蒙羞。4 月，溥儀第三次親臨建國神廟「祈穀祭」，向天照大神祈禱「五穀豐登，國運隆昌」。6 月，溥儀「巡狩」龍江省齊齊哈爾、興安北省海拉爾以及扎蘭屯、王爺廟等西北各省地方，其間也要御臨「忠靈塔」。7 月，溥儀親臨建國神廟「元神祭」（建國神廟建立日大祭），偽滿各公衙同時分別舉行「建國元神祭」，遙拜建國神廟。12 月，溥儀親臨建國神廟向天照大神祈禱日本侵略戰爭勝利。

1941 年 12 月 8 日，日本對美英宣戰之際，溥儀頒佈《時局詔書》，從年初起，「康德皇帝」的行動就已經帶有了新時局的特色。溥儀在勤民樓為新任偽滿駐汪偽中華民國特命全權大使呂榮寰舉行特任式，向他頒發了「國書」；會見岡村寧次並給這個侵華日軍總司令寫了含有政治內容的「勝利」二字的「書法作品」；親臨建國忠靈廟第一次「合祀祭」，祭拜侵華日軍死亡將士。丹麥正式承認偽滿，其駐偽滿特命全權公使吉利智，晉謁溥儀並遞交國書。芬蘭正式承認

偽滿，其駐日公使伊托曼兼駐偽滿特命全權公使，晉謁溥儀並遞交國書。「康德皇帝」還分別接受羅馬尼亞首任駐偽滿特命全權公使巴格列斯哥、匈牙利駐偽滿特命全權公使尼哥拉斯第維克呈遞國書。偽滿參議府議長臧式毅奉溥儀之命訪問朝鮮，以「增進『滿』鮮如一之緊密聯絡」。

在 1942 年這個偽滿「建國十週年」的年份裡，三十七歲的溥儀是在日本挑起的太平洋戰爭中度過的，他的一舉一動都浸泡在戰火的硝煙中。元旦當天，溥儀親臨建國神廟新年「歲旦祭」，向天照大神奉祝「建國十年彌榮」，祈禱「大東亞戰爭完遂」。偽滿國務院佈告，將每月 8 日定為「《時局詔書》奉戴日」，強令偽滿城鄉一律舉行儀式，宣讀詔書，「灌輸協力聖戰」思想。偽滿軍管區司令官會議期間，治安部大臣于琛澄率邢士廉等二十人入宮向溥儀奏報各軍管區狀況，討論偽滿軍與日軍一起「突破難關」事宜。溥儀聽到日本佔領新加坡的消息，拂曉即起，親臨建國神廟「祈念武運長久」，又為新加坡之捷賦詩，說甚麼「捷報傳來無限喜」。2 月下旬，吉岡安直要求溥儀對日本改稱「親邦」。溥儀發佈《建國十週年詔書》和《恩赦詔書》，欽派張景惠等為「謝恩特派大使」，攜其致日本天皇的親書和送給日本政府的四十萬噸大米、一百萬擔食鹽，啟程赴日「謝恩」。4 月 20 日，溥儀致電德國元首希特拉，祝賀其五十七歲生辰。

溥儀聽命「有創意」，當然也會受到主子的「表彰」。1943 年 2 月，日本天皇裕仁傳旨，贈予溥儀「中國事變從軍記章」，又贈溥儀和婉容日本紀元兩千六百年祝典紀念章，由梅津美治郎轉交。3 月 1 日，德國總統希特拉致電溥儀，祝賀偽滿「建國節」，溥儀回電答謝。

對於日本的「戰爭小夥伴」們，溥儀照例給予禮遇：汪偽政權訪問偽滿特派大使、行政院副院長兼財政部長周佛海進宮觀見，溥儀「賜以握手」，繼於嘉樂殿賜宴。汪精衛訪問偽滿一週年之際，溥儀向汪精衛及其部屬二十餘人「贈勳」，汪精衛為回敬而向溥儀及其臣下十餘人「贈勳」。溥儀接見前來偽滿訪問的原偽華北政務委員會委員長王克敏；接見前來偽滿訪問的泰國外務大臣魏吉特及其隨員並宴請。至於日本的參戰功勳者，「康德皇帝」就更加尊敬：溥儀向

已故日本海軍大將山本五十六贈予大勳位蘭花大綬章。

溥儀在「新京」還是忙於應對戰爭。他「臨幸」關東軍司令官官邸，拜訪梅津美治郎，雙方會談內容不問可知。正是溥儀再度帶頭獻出偽皇宮的六十多件金屬用具，把它們變成了戰爭武器。

1931年11月10日,溥儀由鄭孝胥父子(後立者左一、左二)陪同,登上大沽口外的日本商輪「淡路丸」號潛往東北

▲ 鹽倉之「宮」──溥儀和婉容的生活起居之所「緝熙樓」

▼ 溥儀處理政務的辦公樓「勤民樓」

「登基」御座。祭天當日中午，溥儀在勤民樓東大殿舉行「登基」儀式

▲ 長春偽滿皇宮勤民樓健行齋
▼ 長春偽滿皇宮勤民樓清宴堂

1932 年 3 月 8 日，溥儀離開湯崗子。行前溥儀
和婉容在對翠閣賓館門前留影

1932年3月8日，溥儀離開湯崗子，由此步入深淵

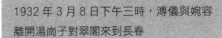
1932 年 3 月 8 日下午三時，溥儀與婉容
離開湯崗子對翠閣來到長春

長春車站上「熱烈歡迎」溥儀的場面

在日、偽軍護衛下，溥儀和婉容的汽車駛向前吉
長道尹衙門，偽執政府臨時設在此處

經過裝飾的原清朝吉長道尹衙門的大門。1932
年3月9日，溥儀在這裡舉行了「執政」就任式

溥儀在「執政」就任典禮後，舉行了偽滿「五色旗」升旗儀式

溥儀前往就任「執政」的儀式大廳

溥儀在就任「執政」儀式上接受「國印」

▲《日「滿」議定書》簽訂當晚,溥儀在關東軍司
令官武藤信義舉行的祝賀宴會上致詞

▼「執政」溥儀在就任典禮上,命鄭孝胥(左一,
手持文件者)代其宣讀《執政宣言》

1932 年，就任偽滿
洲國「執政」的溥儀

「執政」就任典禮後合影。溥儀居中而坐，右側為鄭孝胥、
張景惠、羅振玉、熙洽、臧式毅；左側是關東軍司令本
莊繁、滿鐵總裁內田康哉和獨立守備隊司令宮森等

溥儀在吉長道尹衙門就任偽滿「執政」典禮後合影

偽滿「執政」溥儀

偽滿初年身穿軍裝的溥儀

清朝遺老遺少向溥儀恭行三拜九叩大禮，祝賀他
出任偽滿「執政」

偽執政府外景原貌。1932 年 4 月 3 日，偽執政
府遷至此地

◀ 侍衛官前護後衛下的「執政」溥儀

▶ 溥儀身著戎裝，由侍衛官護駕拋頭露面

溥儀與就任偽職的前清遺老在勤民樓前合影

日本關東軍司令官武藤信義、參謀長小磯國昭和副參謀長岡村寧次等向溥儀祝賀，眾人在勤民樓前合影

1932 年 9 月 15 日，武藤信義（左）和鄭孝胥（右）在《日「滿」議定書》上簽字。正面立者左起：日本外交部次長大橋忠一、偽滿外交部總長謝介石、日本關東軍參謀長小磯國昭

1935 年 9 月 15 日，溥儀就任「執政」半年後，
日本軍方才與偽滿執政府簽訂《日「滿」議定書》。
簽字後，溥儀與日本關東軍司令官兼首任「駐滿
大使」武藤信義等在勤民樓前合影（武藤信義在
任：1932 年 8 月至 1933 年 7 月）

▲ 溥儀和武藤信義舉觴共祝《日「滿」議定書》簽訂
▼《日「滿」議定書》簽訂後合影

溥儀主持招待參加簽字儀式人員的午宴

1932 年 3 月，溥儀與偽滿洲國國務總理鄭孝胥

▲ 1932 年 5 月 4 日，溥儀在「執政府」會見由英、
美、德、意、中等五國代表組成的調查團

▼ 溥儀接見調查團成員。溥儀左側第一人為李頓，
李頓身後即駒井德三。溥儀與李頓腳下的白熊皮
至今尚存於偽滿皇宮博物院

▲ 1932年7月25日，溥儀出席「協和會」成立典禮，出任名譽總裁
▼ 溥儀「檢閱」侵華日軍

▲ 1932 年 12 月 23 日，日本首任「駐滿大使」武藤信義向溥儀遞交「國書」

▼ 遞交「國書」後，溥儀和武藤信義（前排左四）等人合影

溥儀到日本關東軍司令部會晤關東軍司令官兼首
任「駐滿大使」武藤信義

1933 年 3 月，偽滿成立一週年，溥儀在勤民樓
前受賀。當時，除了日本，世界上還沒有第二個
國家承認該政權

偽滿一週年的日子裡，溥儀出席「殉國將士慰靈祭」，為陣亡的日本官兵和偽軍進香默禱

1933 年 6 月 1 日，日本「人形使節團」謁見溥
儀，並呈送「大和人形」

1933 年 8 月 25 日上午十時，接替已故武藤信義
之職的「駐滿大使」菱刈隆來到「執政府」，與立
候相迎的溥儀握手。（菱刈隆在任：1933 年 8 月
至 1934 年 12 月）

1934 年 2 月 27 日上午十一時，關東軍司令官菱
刈隆主持了定例兵團長會議後，率領兵團長們來
到勤民樓拜謁溥儀

▲ 溥儀身著祭服，將登「鹵簿」

▼「鹵簿」開赴郊祭典禮地

▲ 1934年3月1日，溥儀經日方允許，身著清朝龍袍，率隨扈祭天大臣走向杏花村郊祭場臨時搭起的「天壇」登壇祭祀
▼ 溥儀前往長春郊外杏花村祭天告祖

第三次「登基大典」儀式後，溥儀與關東軍司令官
菱刈隆等人在承光門前合影

▲「登基」典禮結束，溥儀步出勤民樓
▼1934 年 3 月 2 日正午，溥儀步入賜宴殿

▲ 由溥儀親信隨侍李國雄統率的宮廷儀仗隊

▼ 溥儀的鹵簿車隊開出皇宮

溥儀的「鹵簿」車隊出宮後行進的情景

1934 年 3 月 5 日，溥儀在興運門前舉行軍旗親
授式後返回勤民樓

▲ 1934 年 4 月，溥儀在勤民樓前為十二個偽軍團舉行「軍旗親授式」

▼ 1934 年 5 月 7 日，溥儀在興運門前舉行「正修童子團團旗親授式」

1934年4月29日，溥儀出席日本關東軍司令官兼「駐滿全權大臣」菱刈隆（前排溥儀右側）祝賀日本天皇生日的「天長節」宴會，宴罷登臨日本「駐滿大使館」陽台

1934年5月9日，溥儀前往勤民樓，「御臨」勳章親授式

▲ 授勳後的鄭孝胥等文官
▼ 授勳後的張景惠等武官

▲ 1934 年 5 月 10 日，溥儀在設於新京（今長春）
飛機場的「登極大典紀念觀兵式」檢閱台上
▼ 1934 年 6 月 6 日傍晚，溥儀在新京（今長春）
車站迎接日本天皇派遣其弟秩父宮雍仁為代表
的來訪團

1934 年 6 月 6 日，秩父宮雍仁親王（天皇裕仁二弟）「訪滿」。溥儀前往車站親迎

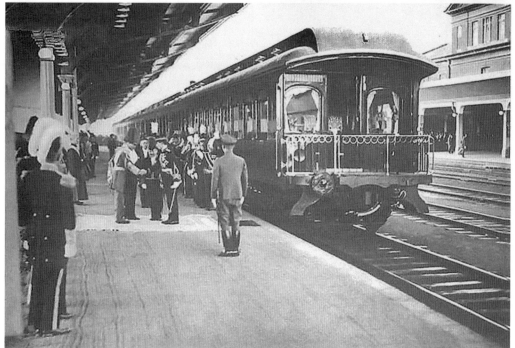

1934 年 6 月 7 日上午，秩父宮雍仁前往勤民樓
謁見溥儀，轉呈天皇的「親書」，並分別向溥儀和
婉容贈呈大勳位菊花大綬章和勳一等寶冠章

1934年6月7日，婉容隨溥儀會
見日本秩父宮雍仁後步出勤民樓承
光門。緊隨其後者為韞龢與韞穎

▲ 溥儀（中左）和秩父宮雍仁（中右）在西花園假山旁合影。右四為關東軍司令官菱刈隆，左四為翻譯官林出賢次郎

▼ 1934年6月8日，「康德皇帝」溥儀與秩父宮雍仁站在「觀兵式」檢閱台上

1934 年 10 月 13 日，手持
望遠鏡的溥儀在大屯阜豐
山頂野立所「陸軍特別大演
習」瞭望台上

1934年10月15日，演習的最後一天，溥儀在檢閱台上聽取諸兵指揮官王靜修中將的「御前報告」

1934年10月19日下午，溥儀不得已身著軍禮服前往奉天（今瀋陽）東陵祭奠先祖努爾哈赤。
為此他很痛心

1934 年 10 月 20 日，溥儀前往奉天（今瀋陽）北
陵祭奠太宗文皇帝（皇太極），這回總算獲准進入
陵區後臨時換著清朝袍褂

1934 年 10 月 20 日，溥儀前往故宮（瀋陽清宮）旁的太廟，祭拜列祖列宗

1934 年 10 月 20 日，溥儀「臨幸」奉天省公署，
召見省長以下、簡任以上大員

1934 年 10 月 24 日，溥儀來到吉林市西南的小
白山，遙拜祖宗發祥之地──長白山

▲ 1934 年 10 月 24 日，溥儀「巡
　幸」吉林市西南的小白山
▼ 在東北峰上五軒大伽藍的廟宇
　中，溥儀遙向遠方行三跪九叩
　大禮之後，又藉助望遠鏡出廟
　遠眺，這就算是望祭之儀

◀ 徒步下山的溥儀以及隨行人員

▶ 1934 年 12 月 27 日上午十時，日本新任關東
軍司令官兼「駐滿」全權大使南次郎向溥儀遞
呈「國書」，溥儀在承光門前迎接（南次郎在
任：1934 年 12 月至 1936 年 3 月）

著軍裝、持戰刀的「康德皇帝」

辦公桌前的溥儀

▲ 南次郎遞交「國書」後，在承光門前與溥儀、鄭孝胥等合影

▼ 1935年3月8日，溥儀「臨幸」在「大同公園」舉行的「建國慰靈大祭」祭場，為侵略戰爭中喪生的日偽軍招魂

深宮情仇

當了偽滿皇帝后，溥儀在長春生活了十多年。他雖貴為帝王，但行動並不自由，一切活動都由關東軍安排。他居住在長春東南角有高大圍牆的豪宅中，一年只有很少幾次、幾天時間的外地「巡狩」，而在「新京」市內，只作定期的祭祀孔廟或前往建國忠靈廟祭拜亡魂，也會出席某些經日本關東軍司令部批准的協和會、觀兵式、親授式的「御臨幸」等，因此有人將溥儀比作「籠中皇帝」。

此時溥儀的生活方式與習慣已基本定型，只是根據客觀條件與主觀意願而有些許的變化和調整。

溥儀的臥榻已洋化為鬆軟的鋼絲床，棉被也已由一條或多條毛毯取代；收聽電台節目、播放留聲機已成為生活習慣；在寢宮中安裝報警警鈴以保安全；開闢專用理髮室、洗漱間、消毒室和中西藥庫，備有成套的消毒設備和洗漱用具；宮中開設洋膳房並裝配特製的西餐餐具，設有專為溥儀製作西餐的洋膳房，專門的電影廳、台球室和鋼琴間；院內闢有網球場、游泳池和遛馬場；緝熙樓地下室東側則是專門的洗相室，用來沖洗產生於宮中的膠片。

溥儀惜命，最怕有病。他捨得花大錢從國外購買一些根本用不着的西藥，每天還安排專人給他注射營養藥針；平時隨身攜帶消毒用酒精盒，蒼蠅一落身就用酒精棉擦個沒完；興運門內奏事處兼作消毒室，外來人入宮必須消毒，宮內人上街回來也要用酒精噴霧器噴灑衣褲。

關東軍派到溥儀身邊的「帝室御用掛」操縱着他，常駐勤民樓一層的日本憲兵班監視着他，修在四面宮牆邊上的十多個碉堡圈禁着他，在1937年新建成的同德殿內還特別裝潢了「日本間」。這與西化生活根本不搭界，也不是出於溥儀的情願與初衷，卻是紫禁城內和天津雙園所沒有的，而它們恰恰是傀儡皇帝

的特色所在。

　　生活在這樣的「深宮」裡，婉容非常難過。她本來很愛溥儀，1931 年 4 月 30 日，她在寫給「吾愛」溥儀的親筆信中說：「吾愛呀！掐指算來，今已八載，妾又何嘗言過？不但未曾言過，即暗地埋怨亦所非敢。不過，自欷倒所不免。紅顏薄命，自古皆然，妾絕對不敢含怨。吾不義，亦不敢逼迫吾愛必與妾同床共枕，此亦非妾所要求。如果吾愛能真心愛妾，心中時有妾之影並妾之聲，妾即覺安慰極矣。午夜捫心，實在感激，泣筆。三月十三夜十二鐘又半，不眠，書此以慰吾愛。」這真是夜不能寐的內心苦言！婉容善良、豁達、關心社會，1931 年盛暑之際，長江沿岸數省發生水災，婉容為助賑而捐出多達一百七十二顆的珍珠串。9 月 20 日，《大公報》登載新聞《溥浩然夫人捐珍珠賑災》，讚揚婉容「對江淮災民極為關切，慨然將其心愛之珍珠一串捐出，變價助賑」，「溥夫人為災民續命，仁心義舉，足為末俗矜式。社會上之闊太太不乏富逾溥夫人者，盍聞風興起？」然而兩個月後，為了能與丈夫團聚，她竟受到「皇親」川島芳子的誘騙，走上了自取毀滅之路。1932 年 3 月，婉容當上了「執政夫人」，住入長春東北角上的「緝熙樓」，感受到的是囚徒般的人身束縛和污辱性的政治壓抑。她決心冒險逃離，而此事因三格格韞穎的勸阻又沒能成功。

　　1934 年 3 月 1 日，溥儀第三次登極舉行「康德皇帝」即位大典，婉容也隨之成為「康德皇后」。這位皇后仍然難以走進「皇帝」的寢宮。據毓嶹回憶：「溥儀在男女關係問題上對我們管束甚嚴。他常用佛學觀點教育我們，讓我們『過白骨關』。他說，無論看上去是多麼美好的女人，將來都是一具骷髏，是不能接近的……他厭惡這種事。」

　　同年秋冬前後，婉容因妊娠反應又情況不明而「傳侍醫」。後經德國醫生確診，婉容跪求醫生不向任何人透露實情。年底前產下一女，半小時後夭折。婉容為此被打入冷宮，囚居十年，以至精神分裂。溥儀下定了「廢后」的決心，但關東軍司令官菱刈隆表示反對，擔心內廷醜事外揚會影響偽滿皇帝的尊嚴。無法與婉容離婚，溥儀遂又以赴旅順「避寒」為名，要把婉容遠遠地甩在外地。1935 年 1 月 14 日，偽滿發出第一號佈告：「皇帝、皇后兩陛下於本月二十一日

行幸旅順，遵旨佈告。」但偽宮內府次長入江貫一堅決反對，也是考慮「日本人統治局面的穩定」。這樣，溥儀只能把婉容關進冷宮，讓她與鴉片為伍。據內廷檔案《細流水賬》記載，1938 年 7 月 16 日至 1939 年 7 月 10 日，婉容「前後共買了益壽膏七百四十兩，平均每天約吸二兩」。1942 年前後，楊景竹親見一幕慘劇：正在發病的婉容把月經污物抹在餅乾上逼着貼身丫環春英吃，不吃就打，連「羞恥」二字也全然忘卻，何其悽慘！

1945 年 8 月 11 日黃昏，婉容由馮媽、李媽和三名太監服侍，走出緝熙樓，離開了囚禁她的活地獄，與溥儀和「福貴人」李玉琴一同登上潰逃的專列，兩天後到達通化臨江縣大栗子溝。8 月 18 日，溥儀在這裡第三次頒佈退位詔書，就此不再是「康德皇帝」，婉容也不再是「康德皇后」。是日深夜，溥儀帶着溥傑、潤麒等九人攜最貴重的珍寶「逃往日本」，卻把「皇后」和「貴人」通通扔在「滿鮮邊境」的荒郊野外。婉容大聲呼喚「潤麒」，可潤麒不敢觸犯溥儀所立的規矩，不作應答隨即離去。

再說「深宮」裡的「祥貴人」。1937 年 3 月 1 日，溥儀違心地公佈《帝位繼承法》，規定「皇位」可傳弟或弟之子。4 月 3 日，溥傑與嵯峨浩在東京結婚，這同時發生的溥傑與嵯峨浩的「政略婚姻」以及它所關聯的《帝位繼承法》，其中所深隱的日本陰謀，溥儀非常了解。出於抵制的心理，在溥傑與嵯峨浩婚後三天，《帝位繼承法》公佈後剛剛一個月（婉容被打入冷宮也已兩年多），溥儀又續娶了一位在北京中學讀書的滿族女學生譚玉齡。當時她才十七歲，入宮後被冊封為「祥貴人」。溥儀受日本人控制，在外不敢表露不滿、不快，回家後常常感到煩悶，又很暴躁，清純溫柔且富於愛國思想的譚玉齡，總能以柔情為「皇上」化解，兩人感情日篤。在這位「貴人」身上，溥儀的確付出了真情。可惜好景不長，1942 年 8 月 13 日，他的愛妻「祥貴人」譚玉齡去世，溥儀追封她為「明賢貴妃」，命載濤承辦喪禮。因關東軍不同意將其歸葬奉天祖陵，溥儀乃暫時停靈護國般若寺，定期祭拜。溥儀懷疑譚玉玲的死因不單純，認定她是被吉岡安直毒殺致死。後來在東京國際軍事法庭上他還公開提出了這一問題。

繼譚玉齡之後，又當「大東亞戰爭」前程難料之際，溥儀無心再當新郎，

可日本軍閥卻想要在他枕邊放上一位日本妻子，如此，既可以獲取機密情報，將來也可能有個日本血統的皇子當上嗣君。溥儀不得不提防日本主子的「枕邊陰謀」，於是先發制人，就在 1943 年 5 月，閃電式地迎娶了一個家境貧窮的漢族女子李玉琴，找了個十四歲的中學生「充實後宮」，將其冊封為「福貴人」，還賜給她一個繡有一對兒鴛鴦的黑漆首飾盒。同時，他也制定了限制李玉琴活動的「二十一條」，還制定了限制李玉琴家屬來往及親情活動的「六條」。溥儀也承認這是「政治自衛」的婚姻，雙方根本談不到感情。把「福貴人」安排在同德殿「寢宮」中，溥儀就徑自到外地「巡狩」去了。第二年 3 月，偽滿宮廷為「福貴人」李玉琴設宴慶祝生日，宴畢，溥儀特向「福貴人」祝賀，李玉琴則為溥儀表演「建國操」，又唱起「金絲籠中金絲鳥」，這才讓溥儀對她多了些在意。

身著偽滿大元帥禮服的溥儀

身著偽滿陸軍大禮服的「康德皇帝」

偽滿後期的溥儀

便裝的溥儀在偽滿皇宮西花園內

溥儀在偽滿皇宮西花園內

溥儀與熙洽獻上的假虎合影，構成一幅絕妙的假「龍」假虎圖

◀ 身著軍服的溥儀與身著和服的婉容
▶ 身著長袍馬褂的溥儀與身著旗袍的婉容

著旗裝、佩綬帶的婉容

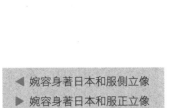

◀ 婉容身著日本和服側立像
▶ 婉容身著日本和服正立像

1937年4月3日，溥傑與嵯峨浩舉行「政略婚姻」盛大婚禮

青年嵯峨浩攝於日本家中

1937 年 4 月 6 日，溥儀「冊封」
譚玉齡為「祥貴人」。溥儀在這張
照片背後寫有「我的最親愛的玉
齡」字樣

「祥貴人」譚玉齡攝於緝熙樓一樓西側寢宮

1940年，韞龢（左一）、譚玉齡（左二）與嵯峨浩（右一）及其大女兒慧生

1943 年 4 月，溥儀親自給剛入宮的
「福貴人」李玉琴在同德殿一樓「廣間」
盆栽前拍攝了這張照片

▲ 1934 年 7 月，載灃攝
　於偽滿「新京」
▼ 1934 年 7 月，載灃赴
　偽滿「新京」看望溥儀
　時與次子溥傑合影

偽滿敗亡

1944 年，三十九歲的溥儀還只能是裝模作樣地「管理滿洲國」：偽滿軍事部大臣邢士廉率各軍管區司令官共二十三人覲見「康德皇帝」，奏報軍狀，溥儀在嘉樂殿賜宴；偽滿各省省長于靜濤等十八人覲見「康德皇帝」，奏報省情，溥儀在嘉樂殿賜宴；「康德皇帝」在首次訪日紀念日之時「臨幸」關東軍司令官官邸；出席陸軍軍官學校畢業典禮。其間，接見偽滿軍事部大臣邢士廉、軍事部最高顧問楠木、軍事部次長真井鶴吉等軍事官員，觀看學生實戰演習，聽取學生講演，繼而又親臨畢業證書授予式以及恩賜賞品授予式場。吉林省農安縣向溥儀奉獻一批改良馬；日本新任關東軍司令官兼「駐滿大使」山田乙三向「康德皇帝」遞交「國書」。「國務」繁忙，令「皇帝」日理萬機。

　　初夏，美國飛機接連轟炸，面對此景，溥儀極度恐慌。他下令將奉先殿供奉的列祖列宗靈神牌位遷移到防空洞內，又給宮內近親如「宮廷學生」等配發了手槍和子彈，在各房間安裝了報警電鈴，以此應急。為對抗美國空軍，日本空軍挑選出一些「神風隊員」，「康德皇帝」則在同德殿廣間接見他們，對其賜酒，與之擁抱，高呼口號，把這些「肉彈」最後一次送上天空，向敵方發起有來無回的自殺式撞擊。他欽派宮內府次長荒井靜雄向關東軍司令官山田乙三傳達其御旨，並轉交其下賜的巨額內帑金，以用於日本的飛機製造；親自會見日本陸軍大將東條英機，與這位前日本首相兼陸相的大人物談話，並「賜宴」嘉樂殿；再次為「大東亞聖戰」捐獻白金製品；在勤民樓東便殿會見菲律賓駐日大使瓦爾加斯；召見偽總理和各部大臣順序奏報國務概況及各部政務。經總結後，這位「康德皇帝」發佈「敕諭」，胡吹「明年為聖戰必勝之年」。是年冬，他「降旨」大赦，以次年「萬壽節」為期，除政治犯外復權二十八萬人，減刑兩萬

人，釋放兩千人。偽滿西南地區治安肅正期間所抓捕的並已判處死刑的犯人，就這樣被特赦了。特殊時期，為節約煤炭，「康德皇帝」禁止緝熙樓內各房間生火取暖。

1945年，距離投降只剩八個半月的日本，僅僅剩下了垂死掙扎。偽滿軍事部大臣邢士廉率出席各軍管區司令官會議的第一軍管區司令官王之佑等人進宮，參拜建國神廟之後覲見「康德皇帝」，奏報軍狀。溥儀賜諭：「發揮特別攻擊隊之精神，邁向戰爭勝利一途。」同日，偽宮內府侍衛處處長金智元（溥儀七叔載濤之子）辭職，陳懋桐（陳寶琛之子）繼任。

大年初一，「康德皇帝」親臨奉先殿，向關聖帝、王爹爹、王媽媽神位祭祀行禮。王爹爹、王媽媽是指明朝萬曆皇帝和皇后，因努爾哈赤曾被明軍俘虜，萬曆皇后將其釋放；努爾哈赤返回滿洲，感念不殺之恩，遂在宮中供奉「萬曆爹爹、萬曆媽媽」牌位，世代相傳，奉祀不絕。溥儀此際此舉，也是盼望在敗亡後能免於難。

2月25日（正月十三），「康德皇帝」萬壽節，此前已發佈上諭：「今年奉先殿移在防空室，雖朕四十整壽，只在緝熙樓西暖閣受賀。」同日，溥儀親臨奉先殿，順序祭拜隆裕皇太后、四太妃（同治帝的瑜妃、珣妃、瑨妃和光緒帝的瑾妃）、醇賢親王二側福晉（溥儀親祖母）和醇親王福晉（溥儀生身母）。其他神位則派員恭代行禮。

3月，溥儀又以「特別用」名義，送給關東軍大量物品，如銀酒杯、銀煙具、銀質雕刻菊花大瓶、銀質陸軍偵察機模型、紫地黃藍白花大地毯、白鐵長方盤、特別演習紀念白銅杯、野戰小景鐵鑄日本兵、鉛礦石標本等。這些也都成了支持日本侵略戰爭的軍需物資。他視察「大同學院」，親臨「遺烈室」，聽取院長松本俠介紹該院畢業生或充任縣參事官、副縣長而「為國殉職者」，或在「大東亞戰爭」中戰死者的照片及遺品。次日，他又前往大陸科學院，視察了光學、發酵、電氣、化學及生物化學等各研究室，聽取了關於馬役、獸醫、地質、厚生研究所的業務報告，還參觀了土木研究室、低溫研究室、膠合板工場及機械工場。

8月8日，蘇聯對日宣戰。當天，溥儀數次躲入防空洞。該地下室位於同德殿東南，建於1939年諾門汗事件發生之際。地下室有三間小屋，裝有通風、濾毒設備，還安裝了潛望鏡。第二天，山田乙三通知溥儀，立即遷都通化，實為敗亡。

　　宮內府大臣熙洽、偽國務總理大臣張景惠、偽參議府議長臧式毅、偽尚書府大臣吉興和偽侍從武官長張文鑄等五人，認為赴大栗子一事有斟酌的必要，於是一起晉見「康德皇帝」。溥儀對此卻無可奈何，還命令張景惠等，「要竭盡全力支援親邦進行聖戰，要抗拒蘇聯軍到底」。

　　8月11日，溥儀倉皇逃離「皇宮」，兩天後到達通化臨江縣大栗子溝，住入大栗子礦山株式會社日本礦長的住宅。

　　1945年5月，德國無條件向英美等同盟國投降。8月15日，日本天皇在原子彈大轟炸後宣佈無條件投降，偽滿洲國失去了靠山。當吉岡安直將此事通知溥儀時，他立即雙膝跪地，向蒼天叩頭。溥儀在大栗子溝下令：將皮箱上的偽滿國花——蘭花全部刮掉，燒毀在天津和長春所寫的全部日記。

　　8月17日午夜時分，溥儀在大栗子溝簽署並宣讀《退位詔書》，結束了他第三次帝王生涯，隨即準備逃亡日本。8月19日午間，溥儀在瀋陽機場被幾乎同時到達的蘇軍外貝加爾方面軍第六坦克軍俘虜。同日下午三時許，溥儀被押上大型蘇聯飛機，飛向西伯利亞。

1935 年 4 月 2 日晨，溥儀「出訪」日本，文武臣僚在「新京」火車站送行，溥儀登上他的專列——皇帝鑾輿

▲ 1935 年 4 月 2 日傍晚，溥儀抵大連港，改乘御召
　 艦前往日本

▼ 1935 年 4 月 3 日，正值日本神武天皇祭日，溥儀
　 為取悅主子，於航行途中登上軍艦瞭望台行禮遙拜

▲ 遙拜之後，溥儀走下軍艦瞭望台
▼ 1935 年 4 月 6 日晨，溥儀抵橫濱港，秩父宮雍仁登艦迎接

溥儀在秩父宮雍仁陪同下步出橫濱港碼頭

▲ 1935 年 4 月 6 日上午十一時半，日本天皇裕仁親往東京中央火車站迎接溥儀

▼ 同日下午，溥儀由秩父宮雍仁陪同，進宮拜見天皇和皇后

▲ 1935 年 4 月 7 日上午，溥儀前往明治神宮參拜

▼ 同日中午，溥儀參拜靖國神社，為侵華戰爭的陣亡者招魂。參拜後，神社的加茂宮司向溥儀贈呈了刻有「靖國」字樣的日本短刀及神果和照片

▲ 1935 年 4 月 8 日中午，溥儀前往偽滿駐日公使館，接受官員們的拜謁

▼ 同日晚六時三十分，溥儀「御臨」岡田首相官邸，出席日本政府主辦的歡迎晚餐會

1935 年 4 月 9 日上午，溥儀和裕仁天皇同乘馬
車前往代代木練兵場，出席特命近衛師團觀兵式

1935 年 4 月 9 日上午，溥儀和裕仁
天皇同乘馬車前往代代木練兵場

溥儀和裕仁登上特命近衛師團
觀兵式的檢閱台

1935年4月10日下午，由東京市市長牛塚虎太郎主持，在歌舞伎座舉行「滿洲國皇帝陛下奉迎會」

溥儀向歡迎者致意

1935 年 4 月 10 日下午，溥儀由東京市市長陪
同，觀看日本古劇歌舞伎《勸進帳》和《紅葉狩》

▲ 1935 年 4 月 11
日上午，溥儀前
往東淺川參拜
大正天皇的陵
墓──多摩陵
▼ 1935 年 4 月 13
日上午，溥儀參
拜供奉孔子的地
方──東京本鄉
湯島聖堂

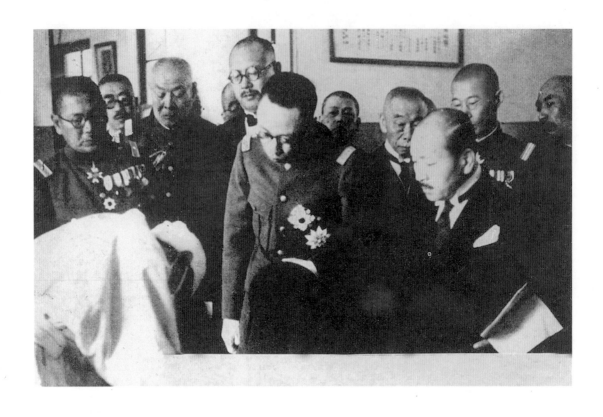

1935 年 4 月 13 日，由湯島聖堂出發，溥儀又到
牛込區戶山町陸軍第一衛戍醫院慰問傷兵

1935 年 4 月 15 日，秩父宮雍仁在東京車站為將
前往京都的溥儀送行

1935 年 4 月 16 日上午，溥儀來到京都桃山陵，
向明治天皇的陵墓獻花圈

1935 年 4 月 18 日，溥儀登上京都金閣寺，眺望
衣笠山園林山水

1935 年 4 月 19 日，溥儀到達奈良，參觀正倉
院，相傳聖武天皇的遺物存藏於此

1935 年 4 月 19 日，溥儀參觀奈良縣公會堂的觀鹿場

1935 年 4 月 20 日上午，溥儀前往東大寺大佛殿禮拜。同日下午，溥儀參拜宮幣大社的春日神社後，結束了在奈良的訪問。1935 年 4 月 21 日上午，溥儀一行抵達大阪市的湊町車站

溥儀出席了大阪府、市和商工會議共同主辦的歡迎午餐會

▲ 1935 年 4 月 23 日，溥儀來到神戶
港，登上「比睿」艦
▼ 溥儀結束首次訪日，在神戶與送行者
見面

▲ 1935 年 4 月 23 日，溥儀在香川縣粟島海面
　觀看網捕真鯛（加吉魚）
▼ 1935 年 4 月 24 日，「比睿」號艦駛抵嚴島，
　溥儀上岸參拜嚴島神社，然後返艦，結束訪日

1935 年 5 月 2 日，偽國務總理大臣鄭孝胥手持
《回鑾訓民詔書》退出勤民樓，奉命發佈

▲ 1935 年 7 月 16 日，溥儀「行幸」雙陽縣任家嶺，「巡狩」農村

▼ 1935 年 9 月 9 日，身穿海軍正裝的溥儀與關東軍司令官南次郎登上「定邊」號御召艦，舉行松花江「觀艦式」，溥儀在艦上發佈「敕語」

溥儀向受檢各艦舉手答禮

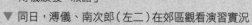

▲ 1935 年 10 月 7 日，偽滿陸軍舉行特別大演習，
　溥儀頒發「敕語」

▼ 同日，溥儀、南次郎（左二）在郊區觀看演習實況

▲ 1935 年 10 月 8 日，溥儀在
南嶺統監部閱兵台上繼續觀
看戰鬥演習

▼ 1935 年 10 月 9 日，溥儀騎
着栗毛高頭大馬「瑞祥」和南
次郎在南嶺練兵場閱兵

1936 年 3 月 30 日，接替南次郎的新任關東軍司令官植田謙吉入宮向溥儀呈遞「國書」。儀式結束，溥儀與植田謙吉在勤民樓前留影（植田謙吉在任：1936 年 3 月至 1939 年 9 月）

溥儀拜會關東軍司令官植田謙吉後合影

▲ 溥儀在日本侵華戰爭逐步升級的日子裡
▼ 《回鑾訓民詔書》頒發的週年紀念日，溥
　儀到關東軍司令部官邸赴宴

▲ 1936 年 9 月 16 日，身穿陸軍軍裝的溥儀在公主嶺阪口部隊飛機場觀看各種飛行表演，視察日本部隊

▼ 1937 年 5 月 12 日，溥儀「臨幸」新建成的日軍醫院

溥儀騎馬郊遊

▲ 1937 年 5 月 28 日，溥儀「巡狩」
剛剛竣工的淨月潭水庫工程（左起
第一人即吉岡安直）
▼ 1937 年 9 月 16 日，溥儀在「國都」
建設局樓頂的平台上眺望市政建設

▲ 1937年9月16日，溥儀在大同公園內舉行的偽國都建設紀念式典上宣讀「敕語」
▼ 溥儀在安民廣場（今長春市全安廣場）臨時搭設的木台上瞭望市政建設

▲ 1938 年 6 月 23 日，溥儀「御臨」設在奉天（今瀋陽）的「陸軍中央訓練所」。溥傑、潤麒曾在此任教

▼ 1938 年 6 月 24 日，溥儀「巡狩」撫順露天礦，溥傑（左二）隨行

▲ 1938 年 9 月 26 日，溥儀在興運門外接見出席「協和會」會議的代表
▼ 1939 年 5 月 30 日，溥儀由植田謙吉陪同，前往「新京」忠靈塔，祭祀侵略者的亡靈

▲ 1939年9月22日，溥儀在錦州
　郊區「巡視」棉農摘棉情況
▼ 同日，溥儀「巡狩」錦州，在「省
　公署」屋頂瞭望市容

1940年6月22日，溥儀以「迎神」為目的，第二次出訪日本

1940年6月23日，溥儀在前往日本的軍艦上閱兵

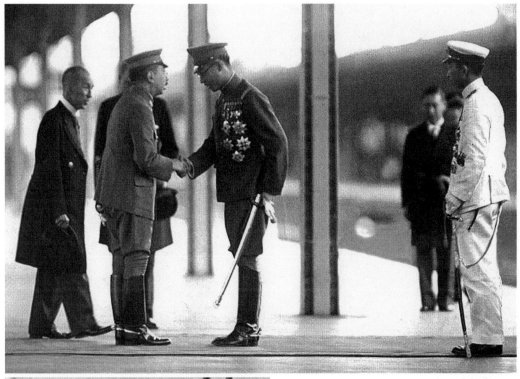

1940 年 6 月，溥儀經橫濱抵達東京車
站，受到裕仁天皇的迎接

1940 年 6 月 27 日，溥儀在東京參拜靖國神社

▲ 1940 年 6 月 27 日，溥儀在
東京參拜靖國神社
▼ 1940 年 7 月 2 日，溥儀參拜
伊勢神宮

▲ 1940 年 7 月 3 日，溥儀前往京都山田
參拜神武天皇的陵墓

▼ 溥儀第二次訪日自 1940 年 6 月 22 日
至 7 月 10 日，歷時十九天

溥儀第二次訪日，極不情願地迎回了代表日本天照大神的寶劍、銅鏡和勾玉三件神器的仿製品

▲ 日方為溥儀舉行送別儀式
▼ 溥儀返抵大連港

1940 年 7 月 15 日,「建國神廟」落成,溥儀「沐浴齋戒」後接受神官的「修祓」

1940 年 9 月 18 日，溥儀「臨幸」南嶺「建國忠
靈廟」祭祀陣亡的日偽官兵。每年三次大祭，他
都要「臨幸」參拜

溥儀參拜「建國忠靈廟」

溥儀參拜「建國忠靈廟」後在神官的導引下走下台階

1941年6月7日，溥儀「臨幸」偽滿陸軍軍官學校開學典禮，並將該校所在地命名為「同德台」

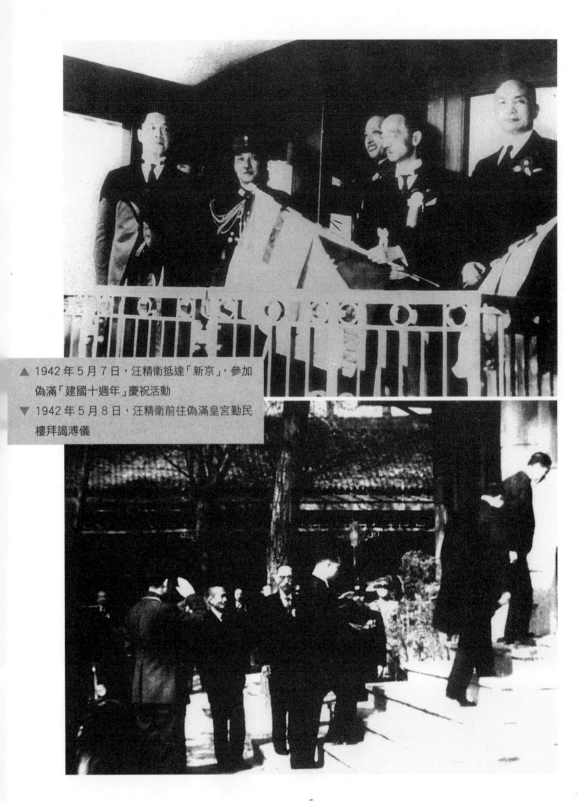

▲ 1942 年 5 月 7 日，汪精衛抵達「新京」，參加
偽滿「建國十週年」慶祝活動
▼ 1942 年 5 月 8 日，汪精衛前往偽滿皇宮勤民
樓拜謁溥儀

1942 年 5 月 8 日，溥儀親往汪精衛下榻的滿業
公館回訪。右一鞠躬者為褚民誼

1942 年 5 月 28 日，日本天皇的又一位御弟高松宮宣仁「訪滿」，溥儀親臨「新京」車站歡迎

1942 年 5 月 28 日，溥儀在宮中會見高松宮宣仁

1942年5月31日，
溥儀與高松宮宣仁
「臨幸」在興仁大路為
其舉行的特命觀兵式

1942年8月11日，溥儀「臨幸」神武殿，觀看「日滿武道大會」表演

▲ 1942 年 8 月 23 日，溥儀「臨幸」偽滿洲國「建國十週年」「大東亞建設博覽會」

▼ 溥儀來到博覽會的「大東亞戰爭館」前

溥儀與關東軍司令官梅津美治郎在偽滿洲國「建國」十週年典禮大會上

1942年9月15日，溥儀與關東軍司令官梅津美治郎在偽滿「建國」十週年典禮大會上（梅津美治郎在任：1939年9月至1944年7月）

1942年9月16日，溥儀與梅津美治郎檢閱參加
慶祝觀兵式的部隊

▲ 1942年9月16日，在觀兵式上，溥儀將「敕語」賜給偽滿總理大臣張景惠
▼ 同日，溥儀與梅津美治郎檢閱參加慶祝觀兵式的部隊

▲ 1942 年 10 月 1 日，溥儀與日本關東軍司令官梅津美治郎出席在「新京」協和會館舉行的偽滿協和會「康德」九年度的全國聯合協議會
▼ 美國福克斯影片公司的攝影師向溥儀講解影片攝製技術

1945年8月19日，溥儀在瀋陽機場被蘇聯紅軍俘獲

1945 年 8 月 19 日，溥儀在瀋陽機場被蘇聯紅軍俘獲

溥儀被蘇聯紅軍俘獲，徹底結束了他的「皇帝」生涯

從龍到人

偽滿垮台後，「皇后」婉容與「福貴人」李玉琴都在逃亡途中被溥儀遺棄。8月19日，溥儀等九人在瀋陽機場被蘇軍俘虜，婉容隨潰逃人員繼續留住通化臨江縣大栗子溝。據嚴桐江證言，1945年9至10月間，他在鴨綠江邊村屯中用高價給婉容購買大煙六十兩，花掉五千元。婉容和李玉琴被遷入當地丁字樓，兩人只隔一道拉門。終於有一天，拉門開啟，「皇后」與「貴人」第一次見面。李玉琴很同情婉容，於是親自動手給她做點兒「小鍋飯」改善生活。此後，婉容只能跟隨潰逃人員，從大栗子溝到臨江縣城，到通化，到長春，在槍林彈雨中被部隊押行輾轉，用售賣貂皮大衣的錢購買些救命的「益壽膏」(鴉片)。1946年4月，好不容易回到長春，李玉琴被父母接回了家，而婉容卻無人照管。她的父親榮源已被俘去蘇，胞兄潤良也拒絕將其接收，不願承擔她的生活和醫療費用。婉容只能隨部隊繼續前行，輾轉於途。

　　1946年6月20日清晨五時，中國歷史上最後一位皇后婉容孤苦淒涼，病弱難熬，病逝於延吉監獄，葬於南山向陽坡處。沒有棺槨，沒有花圈，沒有墓碑，更沒有親屬相伴，起一墳頭，日久而被大風吹平，她就這樣消失在天地之間。溥儀的幾位妹妹也各奔東西，經一年或幾年輾轉遷徙，才陸續返回北京原來的居住地。溥傑之妻嵯峨浩及其女兒嫮生經佳木斯、葫蘆島返回日本娘家。至於張景惠等偽滿大臣則早在1945年8月末，被蘇軍抓捕。

　　1945年8月20日，溥儀被押抵蘇聯赤塔郊外的莫洛科夫卡，同來的還有溥傑等八人。8月下旬起，蘇方命溥儀和偽滿大臣開始撰寫偽滿受制於日本的親歷證言。溥儀在9月下旬第一次給斯大林寫信，要求永遠留居蘇聯。

　　1945年11月16日，溥儀等被移送至伯力郊外的紅河子收容所。三天後，

伯力所屬州內務局局長道爾吉赫宴請溥儀，要求他解囊獻寶。溥儀留了心眼，他精選出四百六十餘件珍寶藏入皮箱夾層，又挑選出若干獻給蘇聯政府，同時再次提出留居蘇聯的要求。

1946 年 8 月，溥儀由蘇聯解往日本東京國際軍事法庭，從 8 月 16 日至 8 月 27 日溥儀連續八次出庭，為審判甲級日本戰犯做證。他的證詞揭露了日本侵略者的一部分罪惡事實，但也掩蓋了一些與自己有關的歷史真相。

1946 年 9 月，囚居在伯力收容所的溥儀，從嵯峨浩致溥傑家信中獲悉了婉容的死訊，對此，他似乎無動於衷，他的內心世界被自己嚴密地封鎖着，而在表面上，每天擺弄「諸葛神課」，時而拿起毛筆，創意書寫「福祿壽喜」「唯吾知足」「日進斗金」等藝術拼字，時而與潤麒合作完成「中國傳統舞龍圖」「紫禁城太和殿前獅子滾繡球」「案前讀書圖」等繪畫作品，由此可以捕捉到溥儀貪生怕死、盼望擺脫戰亂的內心世界。

1950 年春，溥儀最後一次提出留居蘇聯的要求，遭到蘇聯官方的明確拒絕。溥儀深感絕望，神經緊張，整天擔心被引渡回國。五妹夫萬嘉熙向溥儀獻「慷慨就死，以謝國人」之策，在溥儀看來也只能如此。4 月某日，溥儀命毓嵒向列祖列宗行叩拜禮，口頭過繼他為子，讓他在自己身遭處決後承繼復辟大清的事業。7 月上旬，引渡在即，溥儀命毓嵒和李國雄再次銷毀散帶的鑲鑽石金項鏈等身邊寶物，以防過境時被查出。

被拘蘇聯的五年裡，溥儀從思想上可以説是原封未動。他走到這一步，完全是「大清復辟」所致。直到被引渡之前，他還自作主張為族侄毓嵒舉行「立嗣」儀式。五年裡，他沒有一個「安穩覺」可睡，每天都為能否保存性命而憂心忡忡，總想着怎樣逃避一死。這段歲月是他一生中最灰暗的一段時光、最沉重的一頁歷史、最可悲的一次經歷。

1950 年 8 月 1 日，蘇聯政府將溥儀等偽滿戰犯、汪偽戰犯共六十一名，在綏芬河車站移交給中國。據溥儀回憶：他一路都有着死刑的恐怖，「總覺得列車是向着墓地開去」。押運戰犯列車到達瀋陽，東北戰犯管理領導小組組長、東北行政委員會主席高崗遵照周恩來總理的指示，親自出面，做溥儀等人的思

想穩定工作。等到被押進撫順戰犯管理所開始改造生活，溥儀心神才稍為安定下來。雖經看守所方反覆調整住房，還是把溥儀和溥傑等人分離開來。

10月下旬，溥儀等戰犯分成兩批先後登程，設在撫順的戰犯管理所暫時遷移到哈爾濱帶鐵籠子的囚室內。因為朝鮮戰爭爆發，美機終日轟炸鴨綠江一帶，為了日偽戰犯安全，才有移居之事。

1951年2月21日，《懲治反革命條例》公佈，所方停止犯人閱報。溥儀擔心厄運將至，常常利用放風的機會，與毓嵒、李國雄等串供，通報情況。在改造初期溥儀故意表現積極，主動參加「輪流值日」等室內勞動，甚至在朝鮮戰場取得第五次戰役勝利時，他還向所方捐出乾隆皇帝三連環田黃石印以為慶祝，這些並非出自真心。他還在給所方撰寫的《自傳》中刻意美化自己，掩飾其歷史罪行。直到他通過學習，了解到「坦白從寬」的政策，才逐漸改變態度。1952年1月上旬，溥儀因毓嵒檢舉而被迫交代了皮箱夾層裡藏有大量珍寶的事實。又過半年後，他第一次交代了自己離津出關前與日本軍部暗中勾結的詳情。到了年底，溥儀的生活條件有所改變，從鐵籠子囚室遷入了有桌有凳有床鋪的房間。

1953年春，在哈爾濱改造的日子裡，戰犯們被安排糊紙盒的勞動服務，溥儀笨手笨腳，糊得又慢又不合格，廢品太多，常被人挑剔。後來他不斷苦練，才有明顯進步。那年冬天，溥儀參加了所方組織的學習《帝國主義論》的活動。

1954年3月上旬，朝鮮停戰後，溥儀隨管理所從哈爾濱遷回撫順，對戰犯的檢察、追究和督促其坦白認罪的新階段也就此開始。3月21日，由最高人民檢察署檢察長羅榮桓親筆簽署的對溥儀追究犯罪的《處分書》下達並指令趙煥文依法偵訊。4月23日，溥儀出庭交代犯罪事實，思想壓力很大。6月19日，溥儀又寫出交代材料《補充我的罪行》。12月24日，偵訊員趙煥文出示了一批溥儀在偽滿期間簽署反動法令的證據，經仔細辨認後溥儀表示認罪。趙煥文又陸續出示了原偽滿將官王之佑、原偽滿大臣谷次亨等多人揭發溥儀的證言材料，他都表示認罪，並認真訂正了部分事實。溥儀還在這一年裡多次參加日本戰犯公審大會，聽取侵略者的自供後深受感動。8月20日，溥儀在最高人民檢

察院《偵訊愛新覺羅·溥儀的總結意見書》上簽署意見：「總結意見書經我看過，我認為是完全正確的，故我應負上述全部罪惡責任。」

賀龍、聶榮臻兩位元帥 1955 年 3 月前來東北視察時專程到撫順戰犯管理所與溥儀和溥傑兄弟見面，對其給予勉勵。在此前後，周恩來總理有感於溥傑之女慧生的來信，批示允許在押犯人與家屬通信，溥儀立即與李玉琴聯繫。7 月中旬，溥儀與分別十年的妻子李玉琴在監房裡見面，兩人在戰亂中分手，十年後在鐵窗內重聚，悲情難敘。兩個月後，李玉琴又來；這一次，她談起了對封建禮教的看法。

管理所內對戰犯的要求還是加強學習，改造思想。偽滿戰犯成立了學習委員會負責組織學習，溥儀跟着學習政治經濟學和歷史唯物主義相關課程。溥儀在改造所裡學到的很多新知識，使得他的思想起了新的變化。他變得誠實了，對過去的罪行有了悔意，承認自己有不可推卸的責任。溥儀還很有興趣地參加了管理所內的文體活動，觀看了日本戰犯演出的歌舞劇和日本戰犯運動會。

1956 年元旦，李玉琴第三次探監，從交談中已經透露出兩人因長期生活在各自不同的社會環境中業已形成的難以彌合的思想距離。12 月 25 日，李玉琴再來撫順，管理所為了挽回他們的感情，經羅瑞卿親自批准，破例安排他們在所內同居。然而，在對「溥儀何時能夠獲釋」這個問題仍然得不到答覆的情況下，李玉琴還是鄭重其事地向溥儀提出了離婚；溥儀也表示，不願把自己的幸福建築在別人痛苦的基礎上，完全理解對方的要求。次年 2 月，經撫順地方法院判決，溥儀與李玉琴依法解除了自 1943 年 5 月至 1957 年 2 月維繫達十四年的婚姻關係。

1956 年 3 月 10 日，溥儀與前來探監的載濤、三妹韞穎和五妹韞馨見面，這又是一次頗有歷史價值的家族親聚。載濤告訴溥儀：是毛主席讓他們來的。溥儀的三妹夫潤麒和五妹夫萬嘉熙也得以夫妻團圓。

管理所內的集體學習更結合現實，春節前後的學習內容為國家第一個五年計劃以及「一化三改」的文件。同時安排參觀撫順市露天礦、龍鳳礦、石油第一廠、台山堡農業社、撫順工業學校和第二國營商店等活動，溥儀都積極參加。

「五一」勞動節和「十一」國慶節，溥儀都與部分戰犯代表一起登上撫順市觀禮台，參加慶祝活動和國慶典禮，為此他深感自豪。更讓他興奮的是，1956 年 7 月 2 日那天，自己又站在了瀋陽特別軍事法庭的證人席上，為偽滿國務院總務廳長官武部六藏和總務廳次長古海忠之操縱偽滿政府的罪行做證。

溥儀從小生長在皇宮之中，養尊處優。青壯年時又當了偽滿皇帝，身邊一直有太監、宮女多人侍候，他幾乎是個不能獨立生活的人。在蘇聯伯力拘留期間，他一度被優待一人獨住一房，但是他不會料理日常生活，後來還是回到大通倉房中與多人共處，讓別人照顧。

九年多的改造生涯中，溥儀除學習到馬列主義、歷史唯物主義等知識之外也參加了不少體力勞動，如抬煤、掃雪、種菜等等，他曾對管理所主管真誠地表達：「只有勞動者才懂得勞動果實的可貴。」從幾次實地參觀中，他了解到國家社會的進步以及自我的深重罪孽。在看到煤礦、農場、水利工程後，溥儀因祖國進步而產生「無限興奮鼓舞之感」；同時也「自慚形穢」，「良心內咎」，對自己過去與日軍簽訂密約殘害同胞的罪行有着無盡的悔恨與痛苦。在戰犯管理所裡，溥儀接見過不少外國新聞界人士。有位加拿大的記者問他：「是否贊成目前政府？」他回答：「現今政府是中國有史以來唯一為人民服務的政府。」有人問到政府待他如何以及將來獲釋後計劃等事，他都說：他的衣、食、住等方面都很好，也很自由；他對過去所犯的滔天大罪負有責任，應該受到人民的嚴厲懲處；若有幸獲得釋放，他將做一個普通的勞動者，盡力貢獻於祖國的建設事業。

1958 年是中國「大躍進」的年份，戰犯們當然也能感受到其中的氣氛。半年內，由管理所組織，溥儀參觀了撫順大躍進展覽館等三個展覽會。所方還在 6 月下旬把戰犯編為五個專業組，溥儀參加醫務組，擔任所內醫務室醫助，還留下了一張他身穿白長衫為人聽診的照片。春節期間，他觀看了國民黨戰犯演出的「新京劇」《三十年如一夢》，雖不能與當年他邀來演戲的楊小樓、梅蘭芳、荀慧生等大名角相比，卻也着實又過了一把癮。他有了自食其力的信心，遂主動要求政府正式收下他囚蘇時藏進皮箱夾層的四百六十八件珍寶，表示從此不再保留「收條」，國寶還公，全身輕鬆。

　　1959 年 12 月，年已五十四歲的溥儀獲得特赦，他贏得了新生！這是完全出乎他意料的事情！就在這年 9 月 15 日，毛澤東提出特赦罪犯的建議。兩天後，全國人民代表大會常務委員會通過關於特赦確實改惡從善罪犯的決定，這就是由劉少奇發佈的國慶十週年特赦令。消息傳到撫順戰犯管理所時，溥儀並不如一般戰犯那樣歡騰喜悅：第一，他不知道自己會不會被釋放，認為「輪不到自己」；第二，他無家，無父母和妻子，而且過去作惡太多，擔心如何面對祖國、人民和社會。12 月 3 日那天，管理所領導找溥儀談話後指出：「他能夠想到別人的長處了。」在 12 月 4 日召開的「特赦戰犯大會」上，在第一批被特赦釋放的十人中，溥儀竟名列榜首，第一個被喊到名字。在接下《中華人民共和國最高人民法院特赦通知書》的那一刻，他感動得當場放聲大哭。

　　撫順生活結束了。思想上，溥儀經歷了從對抗到自覺悔悟，再到對新社會、新國家和中國共產黨由衷的感激和歡迎。實際行動上，他則從隱瞞和應付，到學習和接受新政策，自覺交代歷史問題，再到特赦前的激動萬分。這一切都能夠證明，溥儀確實已經完成了從龍到人的轉變。

　　四天之後，他被送上火車，駛向他離別了三十五年的故鄉北京。溥儀的前半生就此結束，他將自己前半生的歷史寫了下來。這部《我的前半生》初稿，也已由撫順戰犯管理所刻寫油印，存放於管理所內。

1946 年 8 月 9 日晚，溥儀在蘇聯軍官的押解下
自伯力抵達日本橫濱厚木機場

溥儀作為檢方證人出席遠東國際軍事法庭

溥儀來到東京審判日本戰犯的遠東國際軍事法庭

遠東國際軍事法庭法官席上的各國審判官。左起依
次為：印度、荷蘭、加拿大、美國、澳大利亞、中
國（梅汝璈）、蘇聯、法國、英國、新西蘭審判官

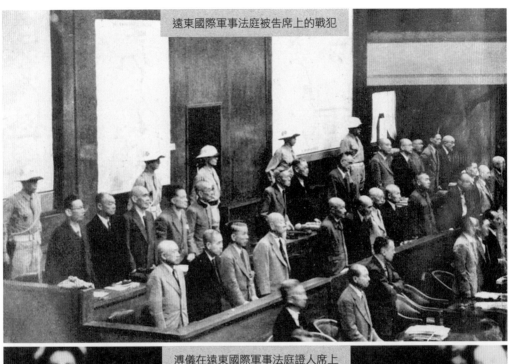

遠東國際軍事法庭被告席上的戰犯

溥儀在遠東國際軍事法庭證人席上
驗看被告律師提出的證據

溥儀在遠東國際軍事法庭上宣誓做證

溥儀在遠東國際軍事法庭做證

▲ 溥儀在東京住所閱讀有關東京審判的新聞報道
▼ 溥儀在東京住所接受採訪

◀ 1946年，溥儀與出任東京審判首席律師的
　美國律師約瑟夫・貝瑞・基南交談
▶ 時值盛夏，不安的溥儀在納涼

▲ 在蘇聯關押期間，溥儀接受蘇聯軍官的訊問
▼ 溥儀與收容所的蘇聯軍官合影

1950 年 8 月 1 日，溥儀被引渡回國，關押在撫順戰犯管理所。他的名字變成了「981」

1950 年 8 月 1 日，溥儀被引渡回國，關押在撫
順戰犯管理所

身戴戰犯名籤的溥儀

▲ 囚室前的溥儀立像
▼ 囚室前的溥儀坐像

▲ 溥儀在管理所領取生活用品

▼ 溥儀在學習小組會上發言

溥儀在管理所露天廣場做早操

溥儀在管理所露天廣場
做早操

溥儀在管理所囚室中閱讀親人的來信

1953 年春節前，從北京溥修家回到長春不久的李玉琴

恢復戰犯與家屬通信之後，1955 年初夏，李玉琴就
把這張照片寄到了身在撫順戰犯管理所的溥儀手中

▲ 在短短的一年半的時間裡,李玉琴先後五次前往撫順探望丈夫溥儀。這期間,她已經成為長春市圖書館的管理員

▼ 1956 年,李玉琴攝於自家附近的兒童公園

溥儀經常到戰犯管理所圖書室查閱資料

溥儀在管理所看牆報

在管理所，溥儀學會了針線活，能自己補襪子了

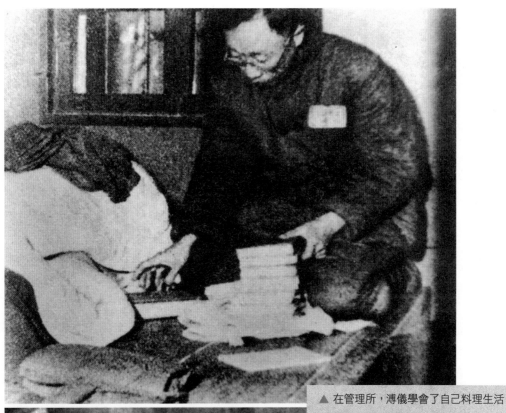

▲ 在管理所，溥儀學會了自己料理生活
▼ 溥儀在管理所觀看在押人員演出的京劇

溥儀在戰犯管理所溫室內澆水

溥儀（左）與溥傑在戰犯管理所溫室內勞動

清掃環境衛生時的溥儀

動手洗衣時的溥儀

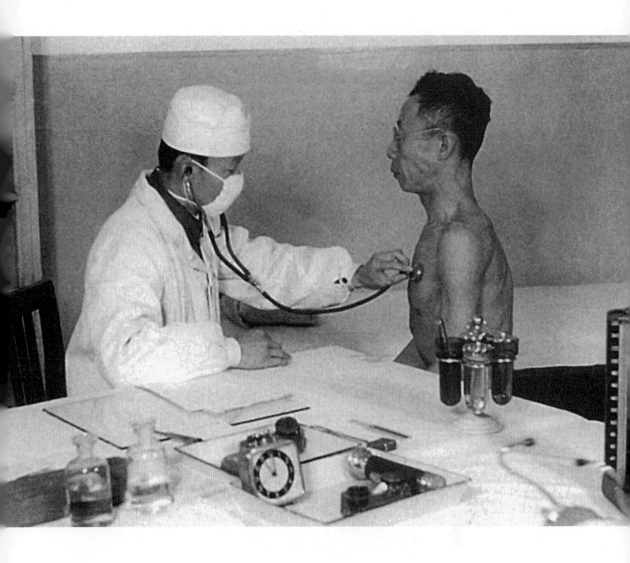

溥儀在管理所接受體檢

對中醫有興趣的溥儀在管理所內的衛生室得到了發揮專長的機會

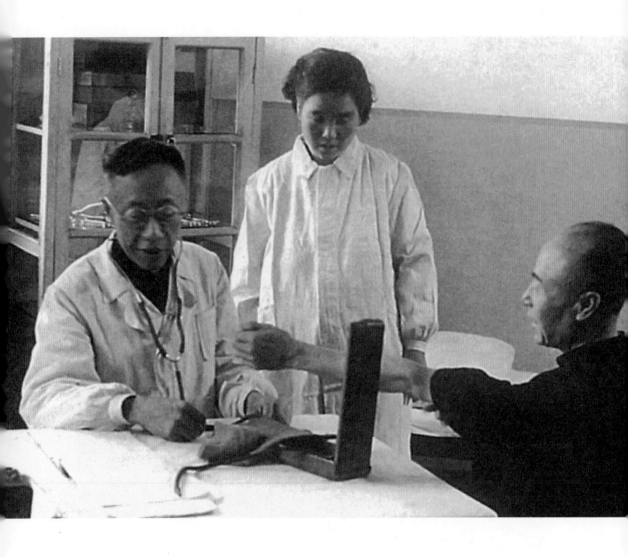

當上了醫助的溥儀在管理所給戰犯看病

溥儀在管理所內撰寫文稿

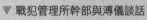

▲ 戰犯管理所所長金源與溥儀談話

▼ 戰犯管理所幹部與溥儀談話

偽滿「皇帝」溥儀和「大臣」以及國民黨的軍官、
政要同在一個學習小組學習

溥儀在管理所內與溥傑對弈

1956年3月7日，溥儀參觀撫順龍鳳煤礦

▲ 溥儀在管理所內接待來訪者
▼ 改造期間，溥儀先後接待了英國、
　法國、緬甸、泰國以及國內的各
　方來訪者

1956 年的溥儀

1956 年 7 月 2 日，溥儀為審判前偽滿總務廳次
長古海忠之（右立者）在瀋陽特別軍事法庭做證

1957年5月21日至27日，撫順戰犯管理所組織第二次
外出參觀活動，溥儀（左一）等人在大伙房水庫參觀

溥儀參觀瀋陽電纜廠

▲ 溥儀外出參觀時訪問礦工家庭

▼ 溥儀在管理所內用餐

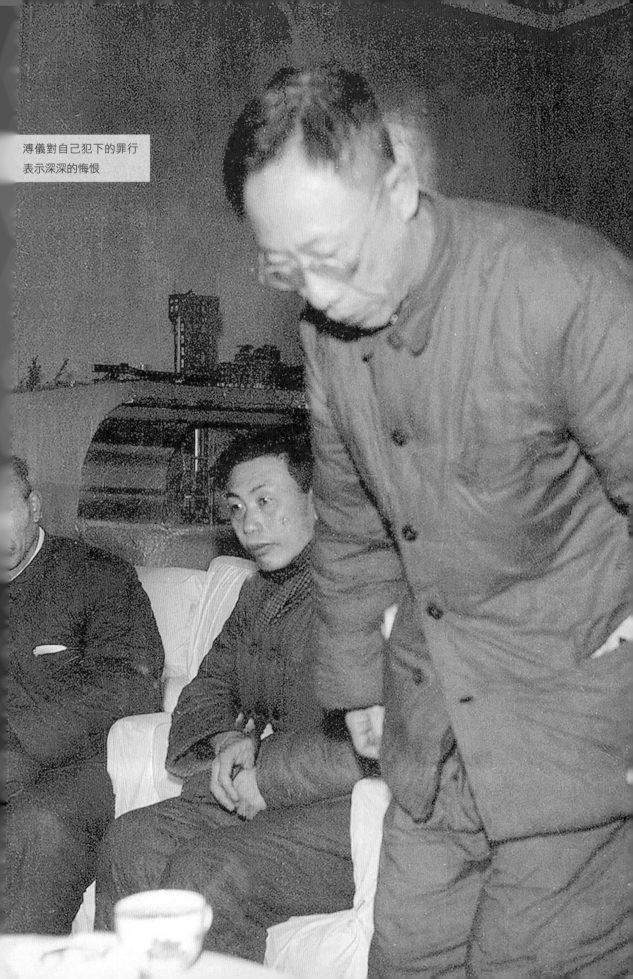

溥儀對自己犯下的罪行
表示深深的悔恨

▲ 溥儀在管理所幹部的幫助下開始撰寫自傳，這便是後來轟動世界的《我的前半生》一書的雛形

▼ 溥儀認真閱讀劉少奇著作——《馬克思列寧主義在中國的勝利》

1959 年 12 月 4 日，撫順戰犯管理所俱樂部大廳
召開「特赦戰犯大會」。胸前戴有「981」號戰犯
名籤的溥儀在等待宣佈特赦的一刻

溥儀沒有想到,第一批特赦人員名單中,為首的
便是他。他激動得難以自禁,淚流滿面

1959 年 12 月 4 日，在特赦戰犯大會上，溥儀激
動地雙手接過了《特赦通知書》

特赦戰犯大會上，溥儀振臂高呼

溥儀等獲得特赦的十位戰犯在特赦戰犯大會上引吭高歌

特赦戰犯大會上的溥儀在主席台上

▲ 獲得特赦的溥儀得到了大家的掌聲和祝福
▼ 溥儀摘下了「981」號標記

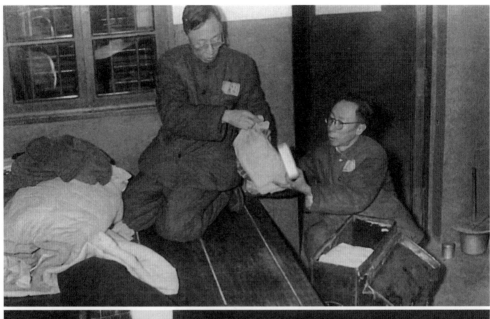

▲ 溥傑幫助溥儀收拾行囊
▼ 溥儀笑容滿面地離開了看守所

1959 年 12 月 8 日，重獲自由的溥儀乘上前往北京的列車，向送行的人們揮手告別

公民人生

1959 年 12 月 9 日，溥儀回到北京，暫住五妹韞馨家中。在溥儀的人生中，一個嶄新的時代開始了！12 月 14 日，周恩來在中南海接見了溥儀和杜聿明等在京的第一批特赦人士。那天，總理跟溥儀說了很多話，被溥儀概括為「四訓」，字字如珠地記錄在日記裡。緊接着，周恩來指示國家公安部和北京市統戰、民政部門，組織特赦人員開始了為期兩個月，以了解新國家、新社會為目的的參觀和學習等集體活動。

　　溥儀就是在周恩來總理的關愛下，度過了八年自由而愉悅的公民生活。

　　1960 年 1 月 26 日，周恩來在全國政協禮堂接見溥儀及載濤等家族成員，就工作安排問題徵詢了溥儀本人的意見。總理還親切地表示，希望溥儀再婚，安置一個社會主義新家庭。2 月 16 日，溥儀前往郭沫若任院長的中國科學院報到，當上了植物研究所北京植物園的園丁。

　　這位園丁的公民生活豐富多彩：4 月初，溥儀以公民身份列席全國政協三屆二次會議，其間巧遇梅蘭芳，彼此親密敘舊。4 月至 7 月，溥儀每天半日在溫室插花澆水，半日在香山飯店與群眾出版社編輯李文達商討《我的前半生》的修訂改寫計劃。5 月 1 日，溥儀和杜聿明等六人登上天安門觀禮台歡度勞動節。5 月 26 日，周恩來宴請英國蒙哥馬利元帥，溥儀出席作陪。9 月 15 日，溥儀獲准參加植物園的民兵訓練。10 月 1 日，溥儀應邀出席國慶招待會和天安門的觀禮活動。10 月 29 日，廖承志舉行酒會歡送埃德加·斯諾，溥儀與席。11 月 26 日，溥儀第一次作為中華人民共和國公民參加了選舉人民代表的投票。11 月 28 日，溥傑被特赦，兄弟二人在北京重逢。不久，周恩來單獨接見溥儀、溥傑兄弟，商談了溥傑的工作安排。這一年裡，溥儀先後會見了蘇聯、匈牙利、

智利、阿根廷、秘魯、英國、墨西哥、烏拉圭等國的部長、議員、檢察官、律師、作家、畫家和記者，回答他們關心的問題，深受讚譽。

當 1961 年走來，溥儀已經五十六歲了，他又度過了一個獨身的年頭。農曆辛丑年的除夕，周恩來與夫人鄧穎超把溥儀及其弟妹都請到自己家裡，眾人高高興興地吃了一頓大年餃子。

2 月 18 日，中央統戰部宴請溥儀等兩批特赦留京人員，李維漢部長宣佈了溥儀等七人的工作安排。3 月初，溥儀到全國政協報到，成為文史資料研究委員會專員。春夏之交，溥儀自任導遊，引導杜聿明、宋希濂、王耀武等專員同事遊覽了故宮。3、4 月間，溥儀列席全國政協三屆三次會議，並在大會上發言。6 月 10 日，因嵯峨浩攜女婿生歸國，周恩來在中南海西花廳招待溥儀和剛剛團圓的溥傑全家，並發表了重要談話。9 月初，溥儀接受蕭三夫人葉華的採訪，並拍攝了他生活的彩色紀錄影片。9 月 18 日，《人民日報》發表了溥儀的文章《從我的經歷揭露日本軍國主義的罪行》。在國慶招待會上，周恩來介紹溥儀與古巴總統多爾蒂科斯、尼泊爾國王馬亨德拉和王后見面。10 月 3 日，溥儀出席了全國政協歡迎回國觀光的華僑和港澳同胞的酒會。10 月 13 日，溥儀參加了紀念辛亥革命五十週年活動，與當年將他逐出紫禁城的馮玉祥部將鹿鍾麟等重逢。不久，溥儀又會見了日本電波訪問團並發表談話。

1962 年，溥儀總算完成了重建家庭的使命。他雖然冊立過一「后」一「妃」兩「貴人」，卻都以悲劇收場。1962 年 1 月 31 日，毛澤東設家宴款待獲赦後成為文史專員的溥儀，章士釗、仇鰲、程潛、王季範等鄉親應邀陪席。席間毛澤東勸溥儀「可以再結婚」。政協機關在周恩來的指示下，找來名醫為溥儀檢查身體，發現他長期以來患有男性性功能障礙症，於是對症下藥，頗有起色。同時，政協人員又敬示多方為他物色人選，據說當時想嫁給溥儀的人至少有七八位。其中有女政協委員、出身滿族名門女子，以及年輕而通曉幾國外語的女郎，結果他卻與一位在北京關廟醫院當護士的李淑賢結了婚。李淑賢自幼孤苦，生父早逝而繼母逼婚，她不得已才離滬赴京，苦讀就業。經大媒人沙曾熙和周振強的成功中介，溥儀與李淑賢於 1962 年 4 月 30 日在北京南河沿全國政協文化俱

樂部舉行婚禮，這是溥儀一生中唯一的自由戀愛婚姻。5 月 1 日，郭沫若和包爾漢在全國政協禮堂會見了溥儀和他的新娘。5 月 22 日，溥儀接受日本北海道輸出入協同組合、自由民主黨北海道議員阿部文男的訪問。這也是李淑賢第一次跟隨溥儀接見外賓。9 月 13 日，溥儀夫婦出席了全國政協中秋賞月晚會並接待記者。9 月 30 日，溥儀又攜夫人出席了國慶招待會。第二天即 10 月 1 日，溥儀再度登上天安門觀禮台。作為公民，作為全國政協文史專員，作為新郎，溥儀很是自豪，他用發自內心的語言撰寫了《中國人的驕傲》一文。

溥儀是在全國文史資料工作會議上步入 1963 年的。這次會議自上年 12 月 20 日開幕，到本年 1 月 11 日閉幕，二十多天的討論中，溥儀多次談及親歷的體會。1 月 30 日，溥儀親赴中醫研究院，邀請著名老中醫蒲輔周為愛妻李淑賢號脈看病。2 月 10 日，溥儀、李淑賢應巨贊法師之邀參觀廣濟寺，近觀佛牙。春天也是這位末代皇帝很高興的日子，因為他又一次領取到了普通公民的選民證，有機會聽取並走訪基層街區人民代表候選人王廷棟的情況介紹，他很滿意，投下了一張贊成票。

4 月 16 日，政協機關餐廳伙房失火，溥儀毫不猶豫地縱身而入參與施救，大火很快被撲滅，沒有造成人身和財產損失。回想 1923 年 6 月 27 日紫禁城內建福宮花園延春閣那場大火，熔化了難以計數的無價珍寶，一氣之下他把數千名太監轟出宮門；回想 1945 年 8 月 11 日從偽滿皇宮逃離前那場尚未釀成大患的小火災，竟是「康德皇帝」為了毀滅證據而自為。他不禁心生感慨！

5 月 1 日，溥儀出席招待會、遊行、焰火晚會觀禮、招待歸國華僑和港澳同胞的酒會等一系列慶祝活動。當年萬人之上的皇帝，而今是普通勞動者，他無限熱愛這個節日。

初夏，溥儀夫婦遷居東觀音寺胡同二十二號，這是個有正房五間、廂房多間、綠樹成蔭的四合院。考慮到溥儀的國內外接待任務繁重，政協就把這套高規格北京住宅安排給他了，就在這個院子裡，末代皇帝安靜地度過了作為普通公民的最後幾年時光。

7 月 2 日，郭沫若宴請駕機歸來的原蔣軍上尉飛行員徐廷澤，溥儀作陪；

9月2日，溥儀與原偽滿國務院總務廳次長王賢瑋相見；應周恩來之邀，溥儀出席了國慶招待會，與毛澤東主席、劉少奇主席、宋慶齡副主席、董必武副主席、朱德委員長和周恩來總理等黨和國家領導人，以及來自八十多個國家的一千八百多位外賓歡聚一堂；並出席國慶觀禮和焰火晚會、中秋賞月晚會、歡迎歸國華僑和港澳同胞的酒會；10月25日，應郭沫若之邀，溥儀出席歡迎尼泊爾全國評議會代表團的文藝晚會，與塔帕議長見面；11月10日，溥儀夫婦與其他特赦人員一起，在人民大會堂福建廳，受到周恩來和陳毅的接見、宴請；12月21日，溥儀前往勞動人民文化宮靈堂，弔唁羅榮桓元帥；同日，溥儀出席全國政協招待段祺瑞後人的宴會。

這一年，溥儀先後會見了日本、馬里、巴西、肯尼亞、阿爾巴尼亞、阿爾及利亞、菲律賓、法國、智利、烏拉圭、古巴和巴基斯坦等國貴賓。毛澤東11月15日接見外賓時談到溥儀時說：「我們把一個皇帝也改造得差不多了。」這是知情領導人非常客觀的評價。

1964年2月13日，正是農曆甲辰年大年初一，中央最高層有個春節座談會，毛澤東在講話中提到了溥儀。他說「對宣統要好好團結」，還表示要送點兒錢給他改善生活。四個月後，毛澤東接見智利外賓時，又舉溥儀為例說：「可見人是可以改變的。」溥儀則在春節節日期間對台灣同胞發表了廣播講話。

對溥儀來說，1964年是他的旅遊之年，春秋兩個美麗季節他都處在旅途：3月至8月，溥儀夫婦隨全國政協參觀團，參觀遊覽了江蘇、浙江、安徽、江西、湖南、湖北六省和上海市。到了西安、延安、洛陽、鄭州四個地方。白紙黑字，他把旅遊經歷一一詳記在日記中。武漢的鋼鐵廠與長江大橋很令他感動，他寫下這樣的話：我的「心裡說不出是如何高興和興奮，真感到作為中國公民而自豪」。經歷長時間參觀訪問，他的結論是：「我們的前途是無限光明的，所有這一切都是黨和毛主席給我們帶來的。」因此我們應該「跟着黨走，聽毛主席的話，加強自我改造，在不同的崗位上，好好為人民服務」。

中國的兩個大節期間，溥儀都回到了北京：在慶祝「五一」招待會上，溥儀會見了劉少奇。周恩來又介紹他與布隆迪王國國民議會議長塔德·西里烏尤

蒙西見面；10月1日，溥儀出席了國慶招待會、觀禮以及歡迎歸國華僑、港澳同胞、少數民族觀禮團的盛大酒會。

溥儀高興地見到了由群眾出版社正式出版的《我的前半生》樣書，時間在1964年5月5日。這本書很快就風靡世界。溥儀的喜事接連不斷：11月中旬，他接到通知，被特邀為第四屆全國政協委員。12月20日，溥儀以全國政協委員的身份，光榮地出席了由周恩來親自主持的中國人民政治協商會議第四屆全國委員會第一次會議。這次會議跨年開到1月5日閉幕。溥儀在大會上發言，暢談中國共產黨把戰爭罪犯改造成為新人的偉大政策。他還應邀在座談會上以《我的改造》為題作了長篇發言。

11月下旬，溥儀因尿血住進北京人民醫院。周恩來得知消息，指示專家會診，發現問題嚴重，但仍未確診。其實，早在1962年5月中旬，溥儀輕微的血尿現象就已出現，沒有引起注意。1964年8月，溥儀又發現尿血，經檢查再度誤診為「前列腺炎」。

1965年是溥儀的花甲之齡，也是他病勢沉重的難度之年。2月5日，溥儀又出現嚴重尿血，第二次住進人民醫院。3月7日，溥儀膀胱內的兩個瘤子被確診為惡性。周恩來指示，將其轉到協和醫院高幹病房，隨時報告病情，一定治好。溥儀遂於3月12日轉入協和醫院，經化療後於4月5日出院，當天就參加了文史專員學習。5月25日，溥儀第三次住入北京協和醫院。6月7日，醫生對他實施了左腎及膀胱一小部連輸尿管切除手術，經化驗左腎腫瘤係「移行上皮細胞癌」，一週後刀口拆線，可以下地行走。6月26日溥儀出院，一個月後他就回到政協文史專員室上班。不料禍不單行，8月27日，李淑賢又住院施以子宮摘除手術，溥儀陪床。9月8日，溥儀到協和醫院檢查膀胱鏡，未見長瘤。10月17日，溥儀再赴協和醫院做「右腎造影二次」，也沒有發現問題。

溥儀並未因腎癌重症而躺倒。1月13日，張治中在全聚德烤鴨店設宴，溥儀應邀與席。5月1日，他出席了勞動節招待會、北海遊園活動和天安門焰火晚會。5月13日，溥儀參加聲援多米尼加的遊行。7月20日，李宗仁從海外歸來，溥儀前往機場迎接；經周恩來介紹，中國末代皇帝與中國末代總統親

密握手。9月26日，李宗仁舉行冷餐會招待中外記者，溥儀出席並受到中外記者的包圍。9月28日，溥儀走上了全國第二屆運動會閉幕式的觀禮台。10月1日，溥儀先後出席國慶招待會、觀禮和焰火晚會、招待港澳及亞非拉各地歸僑的酒會。10月14日，溥儀來到低壓電器廠參加勞動。10月31日，溥儀應邀擔任孫中山誕辰百週年紀念籌備委員會委員，出席該籌委會的第一次會議。11月8日，溥儀在中醫研究院與廖夢醒談話。11月，溥儀參觀南韓繼大隊，在周口店向群眾講話；在順義縣大灣屯公社焦莊戶大隊觀看民兵習武表演；與夫人李淑賢會見班禪額爾德尼·確吉堅贊及其父母，並共進午餐。12月2日，溥儀參觀石景山鋼鐵公司。這一年，溥儀還先後會見了日本、埃及、幾內亞、墨西哥、智利、古巴、挪威等國貴賓，以及馬來西亞和菲律賓華僑和香港記者。

然而病患無情。12月8日，溥儀第四次住進協和醫院。10日後，泌尿科專家吳階平主持對溥儀進行全面檢查，在他唯一的右腎內發現了可疑的陰影。12月19日，溥儀在醫院接待了來訪的撫順戰犯管理所幹部，而就在這次會見的第二天，溥儀出現了闌尾切除術後併發的尿毒症，中央統戰部部長平傑三聞訊特來看望，並轉達了周恩來和彭真的親切問候。

1966年1月，溥儀仍然是在協和醫院裡度過的。國務院總理辦公室主任童小鵬帶着周恩來總理的關愛來到醫院探望；繼而，專員同事們陸續來了；沈醉攜其新婚妻子杜雪潔一同來了。2月6日，溥儀出院，繼續在日壇醫院做放射治療。進入3月後，溥儀又到中醫研究院腫瘤科請王赫焉大夫診脈處方，隔日一次，頗有效果。4月，他第五次住進協和醫院，吳恆興、吳階平等專家對他先後主持會診。住院期間，溥儀還在4月3日離開病床，參加了第三次選舉人民代表的公民投票，其精神令人欽佩。4月29日，協和醫院吳德誠大夫為溥儀寫下了「可以上班」的診斷。

溥儀走出醫院就要參加政協的活動。3月9日，他與全國政協常委們一起觀看大型紀錄片《中國末代皇帝——溥儀》的樣片。5月5日，他又出席了全國政協招待港澳和海外華僑的酒會。5月至8月，溥儀與其他文史專員一起參加「文化革命」，運動愈演愈烈，他還是真誠地投入其中，直到無法上班。

9月上旬，溥儀接到匿名電話，要求對其停止供應細糧、工薪降低一半。他還收到長春一名原偽宮孤兒來信，批判《我的前半生》。這樣的信持續了半年，並責令溥儀「檢查」。遵照長春來信意見，溥儀就把四千元稿費全部上交政協機關。9月下旬，周恩來指示對溥儀等實行保護政策，工薪照發，恢復細糧供應。9月29日，溥儀接到通知，要他到政協機關財務科領取為歡慶國慶佳節而提前發放的工資。10月1日，溥儀照例出席國慶招待會和觀禮、焰火晚會活動，這等於是黨中央公開為他穿了一件保護色外衣。10月15日，一夥外地紅衛兵闖進溥儀的家，被當地公安部門斥退。11月12日，溥儀出席孫中山先生誕辰一百週年紀念大會。在醫療方面，溥儀同樣受到了保護。11月間溥儀發生嚴重的貧血症狀。12月23日，突發尿毒症，溥儀第六次住進協和醫院。三天後，周恩來針對醫院造反派的行動發出指示：「要讓溥儀繼續住在高幹病房，要給予積極治療。」周恩來又委託著名中醫蒲輔周到醫院為溥儀做相關體檢並致問候。

1967年，溥儀步入了人生的最後歲月。毛澤東在1964年8月的一次談話在1月間流傳出來，其中有肯定溥儀「改造過來了」的內容，這樣的評價在浩劫年代對溥儀起到了重大的保護作用。

李玉琴在1月30日突然出現在協和醫院溥儀的病床前，要求病重的溥儀為她和她的親屬寫書面材料，使她卸去歷史包袱。這樣的行為在當年本來可以理解，但在那樣的時機，採取那樣的方式並不可取。2月3日，溥儀因協和醫院要給被打傷的留蘇學生騰房而轉住人民醫院。而李玉琴等又再度出現在人民醫院，批判溥儀的口味也更加濃重了。根據領導指示，幾天之後，由溥儀口授、溥傑執筆寫出證實材料交給政協，了結了「皇娘造反」的故事。溥儀也於2月20日出院。

3月1日，溥儀由於感冒引起病變，第七次住進人民醫院。後又轉住協和醫院，5月出院。期間，多批外調人員、紅衛兵到醫院及溥儀位於東觀音寺的家中向他調查清宮情況、偽滿大赦情況以及偽滿個別人物情況。紀錄片《中國末代皇帝——溥儀》也被當作《清宮秘史》的續集批判，溥儀感到了壓力。

9月30日，溥儀病重，他自知恐將不起，遂輕輕握住妻子的手，溫情地留下遺囑：一對不起黨，二不放心撇下妻子。10月4日，在周恩來批示「特殊照顧」後，溥儀第八次住進人民醫院。10月10日，溥儀寫下絕筆日記。

1967年10月17日二時三十分，溥儀病逝於北京。他死於腎癌、尿毒症、貧血性心臟病併發。他的遺體於19日在八寶山火化，但追悼會遲至1980年5月29日，才與另兩位政協委員王耀武、廖耀湘一起舉行。當時正處於「文化大革命」高潮，沒人敢倡議為這位末代皇帝舉辦隆重的告別儀式。

溥儀的命運不同於中國歷史上任何朝代的亡國君主。他經過「由皇帝到公民」的坎坷昇華，得到了一個好的歸宿。他的後半生，翻開了新的一頁，也寫照了一個新的時代。

五妹韞馨前往北京站迎接大哥溥儀

四弟溥任（右三）和五妹韞馨（右一）把大哥溥儀接回家裡

剛到五妹韞馨家的溥儀凝望着毛主席像

溥儀與族弟溥儉、五妹韞馨來到天安門前

溥儀和五妹韞馨、族弟溥儉參觀民族文化宮

溥儀在五妹韞馨家中。三十五年後，他終又回到了北京

▲ 溥儀回到北京後落戶口
▼ 溥儀在五妹家中接受採訪

特赦後的第一個冬季溥儀參觀北京電影製片廠

公民時代的溥儀

▲ 溥儀和親人們歡度假日。左起：載濤、韞穎、韞龢、溥儀、溥任

▼ 親人團聚，令溥儀無限欣喜。後排左起：韞穎、溥儀、載濤、金靄珧（侄女）、溥任。前排左起：郭曼若（外甥女）、韞龢、鄭潔（外甥女）、鄭大力（外甥）

1960 年 1 月 26 日，周恩來在全國政協禮堂接見
溥儀和他的七叔載濤

溥儀工作照。1960 年 2 月，根據周恩來總理的指
示，溥儀被分配到北京植物園，半日學習，半日勞動

溥儀在植物園溫室澆花

在植物園勞動的溥儀

在植物園勞動的溥儀

在植物園勞動的溥儀

溥儀與同事們在北京植物園

在植物園綠色王國中的溥儀

在植物園工作時的溥儀

▲ 溥儀與詩人蕭三交談
▼ 溥儀與外甥一道讀報

在奇花異草的世界裡，溥儀接受蕭三夫人、德裔新華社攝影記者葉華採訪

1960 年在潭柘寺溥儀和全國政協機關理髮員徐祥忠合影

1960 年 3 月 17 日，溥儀在中國科學院院部會見
蘇聯烏克蘭女作家克拉維茨

▲ 溥儀與漫畫家葉淺予、演員王人美在一起

▼ 溥儀與葉淺予（右二）、王人美（右一）、全國
政協秘書處處長連以農（右四）在香山碧雲寺

溥儀把孩子抱在懷中

▲ 1960 年五一勞動節，溥儀等觀禮後合影（左起：王耀武、楊伯濤、宋希濂、溥儀、周振強、鄭庭笈），這張照片由杜聿明拍攝

▼ 週末，植物園領導派車送溥儀回城度假

1960 年 10 月 30 日，溥儀會見智利朋友

斯諾採訪溥儀

溥儀與七叔載濤

▲ 1960 年 11 月 28 日，溥傑特赦回京，溥儀給溥傑斟酒慶賀

▼ 溥儀家族合影。前排左起：溥傑、載濤、溥儀；
後排左起：韞娛、溥任之妻、韞穎、溥任、溥佳
（載濤之子）、萬嘉熙（溥儀五妹夫）、韞嫻、韞龢

溥儀、溥傑和載濤在政協招待會上

▲ 1960 年冬，溥儀與溥傑看望七叔載濤
▼ 溥儀、載濤、溥傑與家族三代團聚

▲ 溥儀與六妹韞娛一家在一起
▼ 溥儀與六妹韞娛的孩子們在一起

1961 年初冬，溥儀與親人們在五妹韞馨家院內
合影。前排右一為韞馨；後排左一為萬嘉熙，左
二為嵯峨浩，左三為溥傑，左四為毓嵒

▲ 溥儀與家族成員在五妹韞馨家院內合影

▼ 溥儀夫婦在五妹韞馨家，從左至右：溥儉、潤麒、李淑賢、韞馨、溥儀、
萬嘉熙、葉乃勤（溥儉夫人）

1961 年 5 月，溥儀在北京護國寺街五十二號溥
傑家的四合院裡與親人們合影。左起：嵯峨尚子、
嫮生、溥儀、載濤、潤麒、溥任

1961 年 5 月，溥儀與親人們在溥傑家院內

溥儀在北京護國寺五十二號溥傑家的四合院裡與
親人合影。左起：嵯峨浩的母親嵯峨尚子、嫮生、
溥儀、載濤

1961 年 5 月，嵯峨浩（左三）與母親嵯峨尚子（左
四）、妹妹町田干子（右二）和女兒嫮生從日本到達北
京，受到溥儀（右三）、載濤（右一）等家族成員的歡迎

溥儀與家族成員團聚在溥傑家院內

1961年5月，家宴將要開始。左起：町田千子、
嵯峨尚子、載濤、嵯峨浩、載濤夫人、溥儀、嫮生

1961年6月10日，周恩來總理在中南海西花廳
接見溥儀家族成員及老舍等人。前排右起：溥傑、
嵯峨浩、周恩來、嵯峨尚子、載濤、老舍、溥儀；
後幾排中有廖承志、童小鵬、羅青長、廖沫沙以
及日本友人西園寺公一和他的夫人雪紅

溥儀、溥傑、韞龢、韞馨、萬嘉熙（後排右立者）
與全國政協工人趙華堂（前排右坐者）合影

▲ 溥儀和王耀武（中）、楊伯濤兩位文史專員同事在研究工作

▼ 溥儀與周振強（右一）、王耀武（右二）、楊伯濤（右四）三位文史專員同事在一起

▲ 溥儀參加政協直屬小組學習。左起：劉斐、張
　 治中、邵力子、李覺、范漢傑、宋希濂、杜聿
　 明、王耀武、溥儀。
▼ 香港《大公報》社長費彝民（中）與全國政協文
　 史專員溥儀、王耀武交談

溥儀與香港《大公報》記者、《末代皇帝傳奇》作者潘際坰（右一）等在政協禮堂前

溥儀與群眾出版社編輯李文達

費彝民、溥儀與全國政協文史專員們。前排：王耀武（左一）、溥儀（左四）、杜聿明（左五）、費彝民（左六）；後排：周振強（左一）、楊伯濤（左二）、鄭庭笈（左六）

1960 年夏，李文達為幫助溥儀修改《我的前半生》書稿前往長春訪問李玉琴。圖為採訪期間李玉琴就餐的情景

1961 年 9 月 24 日晚，全國政協在政協禮堂的屋
頂花園上舉行中秋賞月茶會。謝覺哉見到溥儀，
便走上前來親切交談

▲ 1961年，國慶宴會上的溥儀與京劇演員馬連良（左二）、電影演員崔嵬（右二）等敬酒

▼ 溥儀向愛國僑胞們祝酒

1961 年 10 月 3 日，溥儀與馬連良合影

1961 年 10 月 9 日，溥儀出席紀念辛亥革命五十週年大會

作為天津市政協的文史工作者，原馮玉祥部將鹿鍾麟拍着手向溥儀說：「奇遇！奇遇！是黨改造了你，人民歡迎你！」

在武昌起義中打響第一槍的熊秉坤勉勵溥儀說：
「你還年輕，希望能為祖國多做些事情。」

溥儀用雙臂緊緊攀住鹿鍾麟和熊秉坤的肩膀，讓
攝影師記錄下這歷史的一刻

溥儀與鹿鍾麟（左一）、熊秉坤（右二）、載濤（右
一）親切交談

溥儀、溥傑（右二）與杜聿明（右三）、宋希濂（右四）在商談工作

在政協組織的參觀活動中

溥儀在文史專員辦公室工作

1961 年的溥儀

1962 年 4 月 30 日，溥儀與李淑賢在全國政協文化俱樂部舉行婚禮

熱鬧的婚禮場面，右側兩位為媒人沙曾熙、劉淑雲夫婦

群眾出版社領導以毛主席詩詞手寫體掛卷作為給溥儀的新婚禮物

▲ 出席婚禮的愛新覺羅家族成員合影留念
▼ 郭沫若（左一）、包爾漢（右一）在政協禮堂會
見新郎溥儀與新娘李淑賢

1962 年，五一勞動節觀禮活動剛剛結束，溥儀攜新婚妻子李淑賢來到天安門前的金水橋上

新婚假日，溥儀夫婦來到天安門廣場

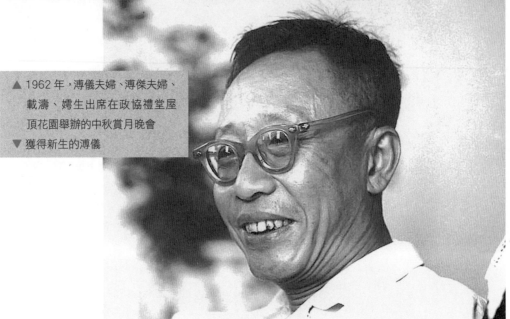

▲ 1962年，溥儀夫婦、溥傑夫婦、
載濤、嫮生出席在政協禮堂屋
頂花園舉辦的中秋賞月晚會
▼ 獲得新生的溥儀

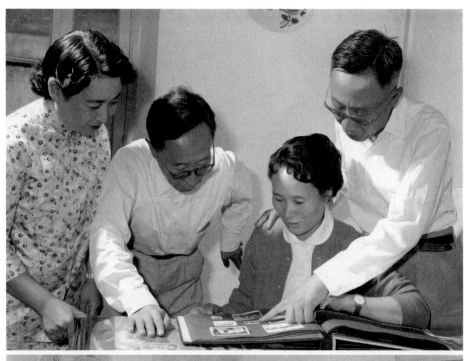

▲ 翻開影集，溥儀向新婚妻子介紹家族的變化

▼ 溥儀夫婦與溥傑夫婦在客廳裡聊天

◀ 溥儀夫婦遊覽臥佛寺
▶ 溥儀夫婦遊覽北海公園

溥儀與李淑賢

1963年6月1日，溥儀夫婦搬入擁有多間洋式
平房的西城區寶禪寺東觀音胡同二十二號新居

1963 年 6 月 1 日，溥儀夫婦住進西城區寶禪寺東觀
音胡同二十二號新居。圖為兩人在自家庭院乘涼聊天

溥儀夫婦雙雙離家去上班

1963 年 6 月，溥儀夫婦和溥傑在頤和園

1963 年 8 月 29 日，溥儀在民主黨派的高級黨校
社會主義學院參加採摘玉米勞動

▲ 1963 年中秋賞月晚會上，溥儀夫婦與一起賞
　月的朋友們攀談

▼ 1963 年中秋賞月晚會上，溥儀與溥傑夫婦欣
　賞文藝演出

1963 年 11 月 10 日，周恩來總理和陳毅副總理接見
溥儀等前四批特赦人員，並同特赦人員及家屬親切交
談。西側第二排前頭兩位即溥儀和李淑賢

1963 年 11 月 10 日，周恩來總理與溥儀等前四批特赦人員及家屬合影。前排左起：溥傑、嵯峨浩、康澤、溥儀、徐冰、傅作義、傅作義夫人、周恩來、張治中夫人、張治中、曹秀清、陳毅、范漢傑，右一為許廣平

周恩來總理在人民大會堂福建廳接見溥儀夫婦

周恩來總理與溥儀夫婦笑談走出福建廳

1963 年 11 月 11 日，前來參加國慶觀禮的巴基
斯坦代表團團長大毛拉·巴沙尼拜會溥儀

毛澤東主席與溥儀在一起。此照拍攝時
間、地點及內容現仍存爭議

1964年3月10日，溥儀、李淑賢夫婦在南京紫金山天文台。溥儀隨全國政協組織的參觀團，由此開始了江南之行

1964 年 3 月 15 日，溥儀夫婦隨參觀團晉謁雨花台烈士陵園

溥儀與同事們來到南京梅花山，沈醉（右三）向他
們講述在抗戰勝利後炸毀汪精衛墓的一段往事

溥儀夫婦來到南京原國民黨總統府西花園

溥儀夫婦在原國民黨總統府內蔣介石的辦公室

▲ 1964 年 3 月 16 日，溥儀來到無錫泥人研究所參觀
▼ 溥儀夫婦參觀刺繡廠和刺繡研究所

溥儀夫婦在上海豫園

1964 年 3 月 17 日，溥儀夫婦、溥傑夫婦同李以
劻（左二）及其夫人邱文昇（左三）等在蘇州拙政園

▲ 1964 年 3 月 27 日，溥儀
夫婦在杭州西湖湖心公園

▼ 漫遊江南時的溥儀夫婦

溥儀夫婦和李以劻夫婦等來到西湖花巷觀魚

溥儀夫婦在杭州參觀西湖三潭印月

溥儀夫婦在杭州西湖保俶塔前

溥儀夫婦在杭州靈隱寺笑佛前留影

歡笑在人間

溥仪夫妇和溥杰夫妇在杭州竹林

1964 年 3 月 27 日下午，溥儀、李淑賢夫婦與杜聿明、曹秀清夫婦在杭州六和塔前

溥儀夫婦在杭州西湖牡丹亭

溥儀與李以劻夫婦遊湖

1964 年 3 月 28 日，溥儀隨參觀團從杭州出發，
乘汽車來到這座中國自行設計、製造、安裝的新
安江水電站。

▲ 1964 年 3 月 31 日，溥儀夫婦到種植龍井茶
的梅家塢大隊參觀。右二為大隊黨委書記、龍
井茶創業名人盧正浩
▼ 請梅家塢幹部盧正浩簽名

1964 年 4 月 3 日，溥儀夫婦等人縱覽黃山壯景

1964 年 4 月 9 日，溥儀夫婦在南昌參觀了八一南昌起義指揮部舊址之後，同周振強夫婦（右）來到南昌勞動大學

▲ 1964 年 4 月 13 日，溥儀
　來到茨坪，參觀毛澤東故居
　和紅軍敬老院舊址。
▼ 1964 年 4 月 18 日，溥儀
　在長沙水泵廠參觀

1964 年 4 月 17 日，溥儀夫婦等在長沙市第二賓
館前合影

1964 年 4 月 18 日，溥儀夫婦在長沙烈士公園

1964 年 4 月 19 日，溥儀夫婦在韶山毛澤東舊居

溥儀夫婦走出韶山招待所

溥儀夫婦等人在毛澤東少年時代游過泳的池塘邊留影

溥儀夫婦隨參觀團觀覽了清水塘、船山學社和嶽
麓山後，在池埂邊留影

1964 年 4 月 24 日，
溥儀夫婦參觀武漢長
江大橋

▲ 溥儀夫婦在武漢鋼鐵公司參觀
▼ 在武昌屈原祠

▲ 溥儀夫婦與杜聿明參觀湖北黃陂縣橫店區灄口
人民公社的油菜田
▼ 溥儀夫婦參觀南方六省一市之後回到北京。
1964 年五一勞動節,他們在收音機前欣賞節目

1964年8月，溥儀夫婦又隨全國政協參觀團開始
了西北之行。8月10日，溥儀、溥傑與嵯峨浩在
延安。溥傑為此賦詩：「今謁聖地移入夢，望到長
橋拍手歡。救世棄園昭革命，擎天寶塔聳延安。」

溥儀在延安棗園窯洞前
溥儀在延安棗園窯洞前請農民高興德簽名

▲ 1964 年 8 月 10 日，溥儀在延安棗園與當地農民高興德相互簽名留念

▼ 溥儀來到延安中共中央辦公廳原址

全國政協參觀團在延安參觀訪問後合影留念。前排：右三康澤、右四杜聿明、右五曹秀清、右六范漢傑、左二董益三、左三溥儀；中排：右五楊伯濤、右六溥傑、右七嵯峨浩、右九周振強；後排：左一李以劻、左二邱文昇、左三沈醉、左四鄭庭笈、左五馮麗娟、右一宋希濂

1964 年 8 月 7 日，溥儀夫婦參觀陝西省博物館

1964 年 8 月 21 日，溥儀夫婦來到西北第四棉紡織廠參觀

▲ 溥儀在烽火人民公社烽
　火大隊訪問
▼ 溥儀與溥傑夫婦在西北

1964 年 8 月 22 日，溥儀夫婦與溥傑夫婦來到洛陽伊水旁伏牛山腰，遊覽龍門石佛窟

溥儀夫婦在洛陽歷史博物館（關帝陵）院內

▲ 參觀洛陽拖拉機廠，溥儀和妻子一起登上"東
方紅"拖拉機的駕駛室。
▼ 溥儀小憩。這次西北之行的最後兩天是在鄭州
度過的。

1964 年，溥儀與李淑賢攝於國慶節

▲ 1964 年 10 月 11 日，
溥儀夫婦在家中會見日
本廣播協會中國特別採
訪團

▼ 溥儀與來訪的記者合影

溥儀在敬老院門前

溥儀和電影演員在一起

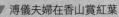

▲ 1964 年深秋，溥儀夫婦遊覽香山
▼ 溥儀夫婦在香山賞紅葉

1964 年 12 月 30 日，溥儀在全國政協第四屆
第一次會議上講話

1965 年溥儀身患癌症幾度住院仍堅持許多社會活動。左為溥傑，中為范漢傑等在全國政協座談會上。

晚年的文史專員溥儀

1965 年 7 月 20 日，末代皇帝溥儀與末代總統李宗仁
握手。溥儀左為邵力子，李宗仁右為其夫人郭德潔

▲ 李宗仁向在場的中外記者們介紹溥儀、杜建時
（右二）、范漢傑（中）、杜聿明（左一）
▼ 溥儀夫婦在歡迎李宗仁先生的茶話會上

1965 年 8 月 5 日，溥儀（左一）、杜聿明（右一）和
夫人曹秀清（左二）拜訪李宗仁先生和郭德潔女士

1965 年 9 月 26 日，溥儀出席李宗仁為招待中外
記者舉行的冷餐會

英國路透社香港分社負責人麥克·克朗（右一）向
溥儀提問

1965 年 9 月 26 日，在李宗仁招待中外記者的大
型冷餐會上，溥儀被眾人包圍

溥儀治病期間與海軍醫院張榮增老醫師
（左二）等合影

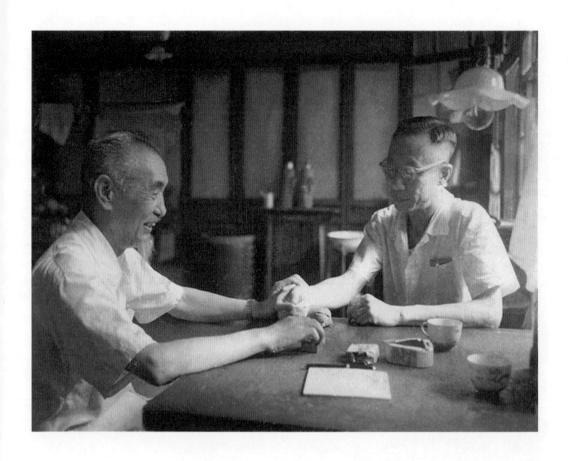

海軍醫院張榮增老醫師為溥儀診脈

▲ 全國政協文史委副主任沈德純（中）、文史辦公室副主任張述孔（左）探望病中的溥儀

▼ 右起：嵯峨浩、羅恆年、溥儀和友人，親人們給溥儀送來溫暖

金源在北京協和醫院看望重病的溥儀

溥儀與族孫羅恆年在自家門前

1967 年初春，親人們給溥儀送來溫暖（右為溥傑、左為族孫羅恆年）

1967 年初春，身
患腎癌的溥儀與溥
傑夫婦在自家庭院

1967 年 10 月 17 日二時三十分，溥儀病逝。圖
為溥儀的骨灰盒

1980 年 5 月 29 日，溥儀、王耀武、廖耀湘三位
政協委員的追悼會在京召開

1980 年 5 月 29 日，溥儀的親屬在追悼會上
追悼會上，全國政協副主席王首道向李淑賢致
以慰問

1996年春節，溥儀遺孀李淑賢（中）、溥傑義女何襄延（左）與王慶祥來到河北易縣清西陵光緒崇陵旁剛草建的溥儀墓前祭奠

2006年改造後的溥儀墓。右為婉容墓，左為譚玉齡墓

後　記

　　20 世紀的中國處於大變革和大轉折的歷史時期。作為宣統皇帝，溥儀是中國封建社會最後三年的最高統治者；作為中華民國政府承認的遜清皇帝和天津「行在」的寓公，溥儀是中國半封建、半殖民地社會的「地標」；作為「滿洲國康德皇帝」，溥儀是中國半封建、半殖民地和殖民地社會的傀儡政權首腦；抗日戰爭勝利之後，溥儀是這段歷史最重要的見證人之一；新中國成立後，溥儀又是改造人、改造社會、改造思想最有說服力的普通公民。

　　溥儀是 20 世紀中國最具代表性的歷史人物之一，是 20 世紀中國和世界諸多風雲人物的直接接觸者，也是全世界唯一集皇帝、囚徒和公民於一身的現實人物。

　　溥儀還是中國唯一留下了豐富影像資料的帝王。他由人到龍，返龍歸人的言行舉止、生平影像，寫照了舊世界的落幕和新中國的誕生，正是 20 世紀中國歷史生動而鮮活的見證。將它們完整、系統地展現給讀者，真切、靈動地還原那一段攝人心魄的歷史，在今天有着非常豐富、深刻的現實意義。這也正是我們編著此書的初衷所在。

　　感謝人民文學出版社王一珂先生在成書過程中給予我們最真誠的支持，感謝書法家盧中南先生為本書親筆題寫書名，感謝故宮出版社王志偉先生的鼎力相助。此次藉香港中和出版社推出繁體修訂版之機，我們根據最新研究和資

料發現，對全書予以重新修訂，並增補百餘幅海內外罕見珍稀影像資料，以期更加全面、權威地全景再現末代皇帝溥儀的傳奇一生。感謝中和出版團隊的高度敬業和專業，使本書以高水準與海外讀者見面。希望本書能夠成為讀者的新寵，通過它，我們反思過往，珍惜當下，走向明天！

最後，我們以愛新覺羅·毓嶦先生概括溥儀一生的《火龍》詩作結：

未馭飛龍出鼎湖，
升遐南陸祝融俱。
溯自嬴秦二百主，
惟有末帝卜離居。
憶昔沖齡初踐祚，
才及三載易靈符。
辦帥辦兵何滅裂，
龍旗七曜落城隅。
紫禁城中家天下，
封爵賜謚聖恩沽。
一日煤山忽傳警，
掃地出門待須臾。
獺鸇之驅自茲始，
亡羊何怨多歧途。
人間禿翁只遺臭，
手持帝子贈狼狐。
暫寄東鄰差安妥，
卻將飲鴆作醍醐。
津門七載似韜晦，
窺機伺變復皇圖。
蓬山豈是多仙子，

黑水白山久覬覦。
貪心未敢蛇吞象，
遂牽傀儡作倀莬。
一身已成千古恨，
萬姓流離遭毒茶。
仰人鼻息十四載，
五年絕域困囚徒。
天翻地覆慷慨以，
洗心重讀人之初。
勝國之君不卒數，
自食其力古所無。
現身說法悉於後，
四載精勤紀成書。
天不假年初耳順，
浩劫何人贖束芻。
撥亂反正重哀悼，
八寶山下哀榮殊。
蠟炬成灰淚未乾，
淚沾六馬自達車。
君不見今日永寧山上西風緊，
可憐秋月一塋孤。

林京　王慶祥
2018 年 12 月

責任編輯	楊克惠　王一珂	
書籍設計	彭若東	
排　　版	周　榮	
印　　務	馮政光	

書　　名	末代皇帝：溥儀影像全析（港台增訂版）
叢 書 名	二十世紀中國
作　　者	林京　王慶祥
出　　版	香港中和出版有限公司 Hong Kong Open Page Publishing Co., Ltd. 香港北角英皇道 499 號北角工業大廈 18 樓 http://www.hkopenpage.com http://www.facebook.com/hkopenpage http://weibo.com/hkopenpage
香港發行	香港聯合書刊物流有限公司 香港新界大埔汀麗路 36 號 3 字樓
印　　刷	中華商務彩色印刷有限公司 香港新界大埔汀麗路 36 號中華商務印刷大廈
版　　次	2019 年 1 月香港第一版第一次印刷
規　　格	16 開（185mm×260mm）816 面
國際書號	ISBN 978-988-8570-12-6

© 2019 Hong Kong Open Page Publishing Co., Ltd.
Published in Hong Kong

本書由人民文學出版社授權本公司在中國內地以外地區出版發行。